DELIUS KLASING

CHRISTIAN IRRGANG

Fish 'N' SHIPS

EIN SEGELSOMMER
RUND ENGLAND UND
SCHOTTLAND

DELIUS KLASING VERLAG

INHALT

Oblomow

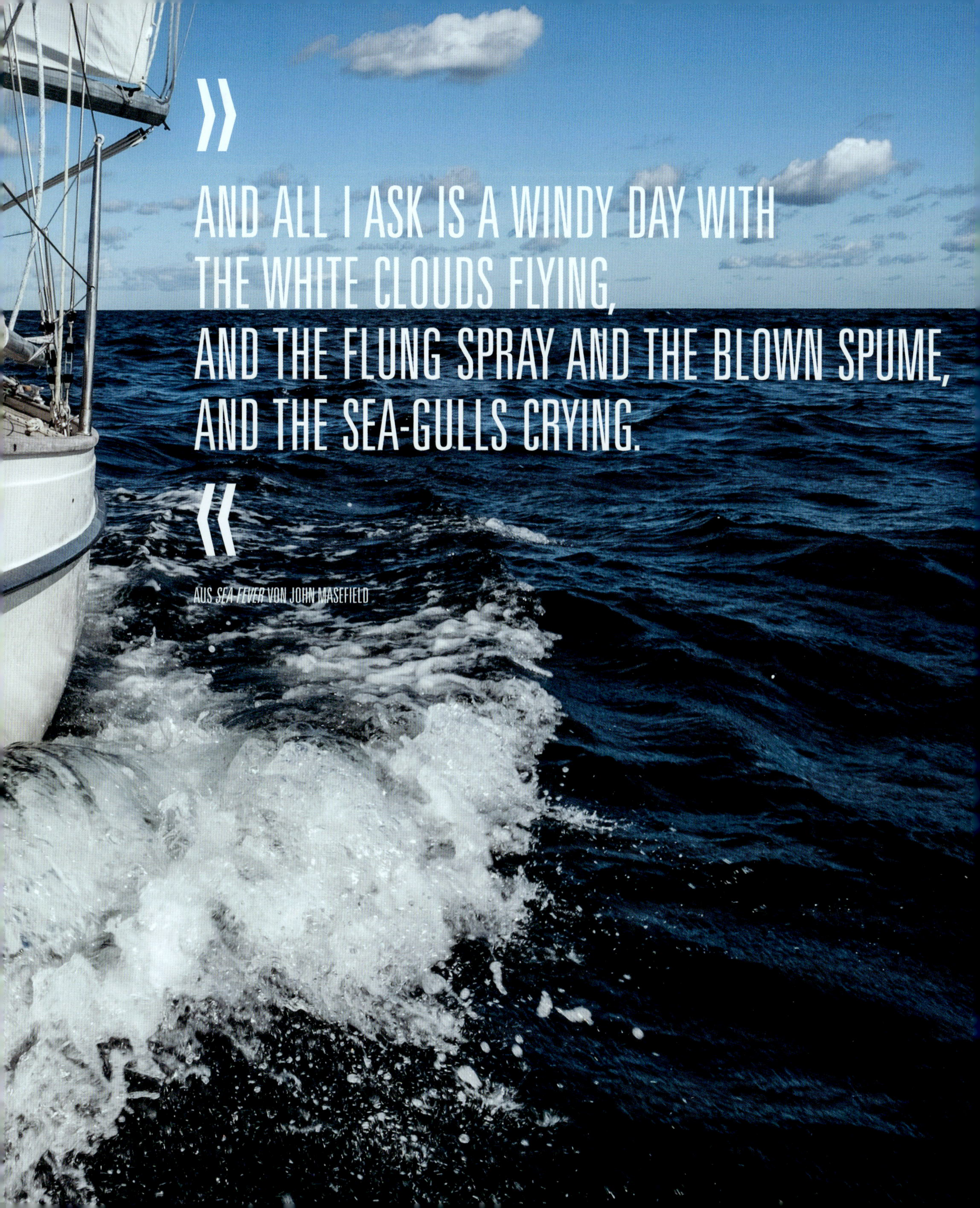

»

AND ALL I ASK IS A WINDY DAY WITH
THE WHITE CLOUDS FLYING,
AND THE FLUNG SPRAY AND THE BLOWN SPUME,
AND THE SEA-GULLS CRYING.

«

AUS *SEA-FEVER* VON JOHN MASEFIELD

01

AHOI, LANDRATTEN!

HELGOLAND AM FREITAG, 6. MAI

Endlich schob sich das riesige Schleusentor zur Seite und gab den Weg frei. Vor uns lag, im körnigen Licht des frühen Morgens, der breite Strom. Braun und schmutzig kam das Wasser von Hamburg heruntergeflossen. Ich steuerte OBLOMOW in die Mitte des Flusses, und dort nahm uns die Elbe huckepack. Trug uns hinaus auf die Nordsee, raus aufs weite Meer. Um 5.00 Uhr früh waren wir in die Schleusenkammer eingefahren, nach einer Nacht voller Motorengedröhn und Schraubengeräuschen. Der Nord-Ostsee-Kanal schläft nie und gönnt auch den Seglern auf den kleinen Booten den Schlaf nicht. Nur wenige Meter neben dem Yachthafen Brunsbüttel rangieren die Ozeanriesen den ganzen Tag, die ganze Nacht.

Ein paar Tage war ich schon unterwegs, von der Ostsee durch den Kanal, aber erst hier begann er wirklich, der längste Segeltörn, den ich mir je vorgenommen hatte. In fünf Monaten einmal rund um Großbritannien, mit einem Abstecher über die Irische See. England, Schottland, Irland. All diese Länder hatte ich irgendwann schon besucht. Viele Orte und Plätze kannte ich, aber immer nur von Land aus. Die Themse in London, die Hafenmole von Polperro, die Schleusen des Kaledonischen Kanals, sogar die karibisch weißen Strände der Scilly Islands, überall hatte ich schon mal am Ufer gestanden, das Land im Rücken, und übers Wasser geblickt. Und dabei hatte sich ein Gedanke in meinem Kopf eingenistet, den ich nicht wieder losgeworden bin: Irgendwann würde ich wiederkommen, und zwar mit einem Segelboot!

Auf dem Lummenfelsen von Helgoland brüten Hunderte Basstöpel. Sie sind so arglos, dass man sie anfassen könnte. Ihren deutschen Namen haben sie von einer Brutkolonie auf dem Bass Rock in Schottland geerbt.

Zwei sommerlange Ostseerunden später dachte ich, dass es jetzt langsam Zeit würde, und fing an, ernsthaft zu planen. Mit großem Respekt natürlich vor den unbekannten Herausforderungen. Manchmal meldete sich ein kleines Stimmchen ganz hinten im Hinterkopf, das heimtückisch fragte: Willst du dir das wirklich antun? Gefährliche Strömungen und Gezeiten, völlig ungewohnt für mich als Ostseesegler. Und erst das Wetter! Die Kälte, die Nässe, der schottische Nebel. Ernsthaft irritiert hat mich das allerdings nie, und vor zwei Jahren war ich endlich so weit. Die Vorbereitungen waren so gut wie abgeschlossen – dann schlug Corona zu. Lockdowns überall, natürlich auch im Vereinigten Königreich. Ob ich trotzdem hinsegeln sollte? Ich fragte bei englischen Seglern nach. »Wenn du nur dein Schiff von innen sehen willst, dann kannst du kommen.« Damit war die Sache klar: Ich musste verschieben. Erst um ein Jahr, dann ein weiteres.

Aber Anfang 2022 schien manches wieder möglich. Vielleicht sogar besser als zwei Jahre zuvor. Damals wollte ich den Törn auf einem gecharterten Boot machen. Inzwischen aber hatte ich mein Traumboot gefunden. Zugedeckt unter einer schweren, grünen Plane hatte es etwas abseits auf dem Freigelände eines Yachthafens an der Lübecker Bucht gestanden und dort offensichtlich auf mich gewartet. Es gab jedenfalls keinen Mitbewerber, als ich im Herbst 2020 den Kaufvertrag unterschrieb. OBLOMOW war genau das richtige Gefährt für meine Pläne: ein Langkieler, 30 Fuß, solider schwedischer Bootsbau, 35 Jahre alt, vom Vorbesitzer ordentlich gepflegt und auf den Namen einer russischen Romanfigur getauft. Was mich anfangs stutzig machte. Dieser sonderbare Mensch als Namensgeber? Ein reicher Adliger im Petersburg der Zarenzeit, ein Bummelant und Faulpelz, im Grunde ein Versager, der im Buch geschlagene 150 Seiten braucht, bis er zum ersten Mal aus dem Bett kommt. Oder muss man ihn vielleicht doch eher positiv als nachdenklichen Nichtstuer sehen? Natürlich las ich den Roman, und nach und nach begann mir der Name zu gefallen. Ich sah eine hübsche Ironie darin, mit OBLOMOW auf große Fahrt zu gehen. Fast ein halbes Jahr, in dem er (und ich) ständig in Bewegung sein würden. Das war meine ganz persönliche Oblomowerei.

Gelting am 1. Mai. OBLOMOW (immer *ER*, niemals *SIE*) schaukelt am Steg. Die Tanks sind voll und der Proviant ist verstaut. Albrecht schmeißt seinen Seesack an Bord. Wir kennen uns seit unseren Kindertagen, haben als Dreizehnjährige haarsträubende Segelabenteuer auf Hamburgs Außenalster überlebt, und auch auf meinen beiden Ostseerunden hat er mich streckenweise begleitet. Nur für die ersten beiden Tage, den Auftakt, ist er jetzt dabei. Denn erst wenn ich Nordseewasser unterm Kiel habe, geht es ja richtig los. In Südengland, in Cowes, wird er dann wieder zusteigen und mich sechs Wochen lang bis nach Dublin begleiten. Vor zwei Jahren war er, wie die meisten meiner Mitsegler, die im Laufe des Törns dazukommen werden, zeitlich noch stark eingeschränkt, will sagen voll berufstätig. Nun sind sie alle, bis auf einen, flexibel. Auch insofern hat die Startverschiebung ihr Gutes.

Ein paar gutgemeinte Ratschläge bekommen wir noch mit auf den Weg, dann werfen Klaus und Andreas unsere Vorleinen los. Ich habe in diesem Moment nur einen Gedanken: endlich, endlich, endlich von allen Festmachern befreit! Was für ein Gefühl. Die Ostsee glitzert im Licht des hellen Frühlingstages. Ein wunderbarer leichter Wind weht von Westen, ein perfekter May-day. Mein bunter Blister, extra für diesen Sommer angeschafft, bläht sich zum ersten Mal vor dem Mast. Wie so oft in dieser Gegend sorgt der Sprechfunkverkehr für Heiterkeit. Anruf auf Kanal 16: »CAMPARI für LIESCHEN, CAMPARI für LIESCHEN!« – um ein Haar hätte ich die Ruftaste gedrückt und uns auch einen bestellt.

Windstille am Abend, als wir in Möltenort anlegen. Direkt gegenüber liegt die Schleuse Holtenau, die uns am nächsten Morgen aufs Kanalniveau hebt. Bis Rendsburg geht die Fahrt. Erster Hafentag, hier tauschen Albrecht und Peter die Plätze. Auch Peter und ich haben schon einige gemeinsame Seemeilen im Kielwasser. Das fing vor vielen Jahren an, als wir auf offenen Katamaranen rund Rügen und später um die Wette rund Texel gebrettert sind und später eine schnelle Holzyacht im Sturm von Travemünde nach Malmö überführt haben. Nun lebt er in Holland und ist ein erfahrener Nordsee-Segler. Von ihm will ich alles über das Segeln in Tidengewässern lernen, deshalb bin ich froh, ihn auf dieser ersten Etappe an Bord zu haben. Als Steuerberater sozusagen.

Ready to go. OBLOMOW im Yachthafen Brunsbüttel.

TRITON
OTHNIA
02
03
Oblomow

Es dauert nicht lange, und ich bekomme meine erste Lektion. Der Wind weht nur schwach, trotzdem machen wir mit dem elbabwärts laufenden Wasser 8 Knoten Fahrt über Grund. Das geht ja gut los! Aber wir müssen kreuzen, und schon kommt Lektion zwei. Querab Gelbsand zeigt mir Peter, wie man das hier macht, und testet den aktuellen Wasserstand über Karten-Null. Eiskalt steuert er das Boot über Untiefen, grüne Flecken in der Seekarte. Ich starre wie gebannt aufs Echolot, aber es reicht dicke. Allein hätte ich mich das wohl nicht getraut.

Wir segeln im nördlichen Elbfahrwasser, halten uns von der Großschifffahrt so gut es geht fern. Zur Sherrytime noch Sonnenschein, dann bezieht sich der blaue Himmel, wird blendend weiß. Ich muss die Augen zusammenkneifen, alles verschwimmt in diesem Blinzellicht. Gegen 15 Uhr kippt die Tide, und auf einmal segeln wir auf dem Holeschlag quasi rückwärts. Das macht nun gar keinen Spaß, da muss die Maschine mal ein Stündchen mithelfen, bis zur nächsten Wende.

Auf einmal sehen wir vor dem Bug eine Linie auf dem Wasser, wie mit einer Nadel gezogen. Ohne Übergang segeln wir aus der braunen Brühe hinüber in klares, grünes Seewasser. Glatt und glänzend liegt sie vor uns, die Nordsee. Ein bisschen wilder hatte ich sie mir schon vorgestellt. Aber diesen Gedanken verbiete ich mir sofort, man will's ja nicht herausfordern.

Helgoland. Abends um 7.00 Uhr erreichen wir den großen Inselhafen und legen uns längsseits an die Ostkaje. Und heute früh liegt dichter Nebel über der Insel. Außerdem ganz schwacher Wind, noch dazu aus Südwest. Aber den Hafentag hatte ich sowieso geplant. Wenn man schon mal auf eigenem Kiel hierher kommt! Wir wandern, wohin hier alle wandern. Am Lummenfelsen beobachten wir die Vogelbeobachter, wie sie die Vögel beobachten. Einige in voller Tarnfleck-Montur und mit so langen Teleobjektiven, dass sie gar nicht weit genug zurücktreten können, um das Foto scharf zu kriegen. Dabei brüten die Basstölpel so dicht hinter dem Zaun, dass man sie, wenn man wollte, streicheln könnte.

Später drehen wir eine Runde durch die örtlichen Fachgeschäfte. Der Weg nach Schottland ist noch weit, und Whisky soll hier billiger sein als dort. Selbst wenn nicht, dann tragen wir eben ein paar Eulen nach Athen. Das Dosenbier, pfandfrei, wird direkt ans Boot geliefert. Richtig günstig ist hier der Diesel. Die Nachmittagssonne vertreibt den Nebel und wärmt. 22 °C unter Deck, als wir uns über die Seekarte beugen, um die nächsten Tage zu planen.

Mast-und Schotbruch!
Der Nordsee-Azubi

Stopover im Inselhafen von Helgoland. Anfang Mai ist hier noch reichlich Platz.

02

AHOY, LANDLUBBERS!

LONDON AM MONTAG, 16. MAI

Die Red Ensign, also die britische Gastlandflagge, flattert unter der Saling und deshalb, liebe Daheimgebliebenen, liebe Landlubbers, ab jetzt die englische Anrede. Ich bin tatsächlich in England! Heute Nachmittag haben wir in London festgemacht, liegen im Yachthafen St. Katharine Docks direkt neben der Tower Bridge mitten in der Stadt, und es ist richtig warm hier. Summer in the city.

Helgoland am vorletzten Sonnabend, da träumten wir noch von so einem Wetter. Diesig und nieselig ist es, als wir der Insel das Heck zeigen. Noch weht der Wind recht schwächlich aus West, aber später soll er auf Nord drehen und etwas zulegen. Wir glauben der Vorhersage, was auch sonst? Zwischen vollbeladenen Containerfrachtern, die hier vor der Elbemündung auf Reede liegen, laufen wir mit Kurs Süd. Circa 40 Schiffe stauen sich hier, die nicht in die Häfen kommen. Nicht abgeholte Container blockieren die Stellplätze. Der Krieg in der Ukraine, Corona und die Lockdowns in China haben den Welthandel völlig durcheinandergebracht. Und so wartet an Land mancher weiter ungeduldig auf dringend benötigte Ersatzteile, Kleidung, Technik, Autos oder Lebensmittel.

Nasser Nebel zieht auf, als das Küstenwachboot NEUWERK in Sicht kommt. Schon immer wollte ich gern mal wissen, ob die uns auf ihrem Radar wohl erkennen können. Ich funke sie an. »Ja«, funken sie zurück, »wir sehen Sie. Aber nur schwach. Segelboote geben ja generell ein schwaches Bild ab.« Einspruch, aber sofort: »Ich finde, das kann man so nicht sagen!« Womit das Gespräch beendet ist.

Bis zur Tonne Weser 2 halten wir den Kurs, dann geht es mit 255 Grad weiter. Hier sind wir auf der sicheren, der südlichen Seite des Verkehrstrennungsgebiets. Seit zweieinhalb Stunden läuft die Maschine. Im Logbuch steht um 13.20 Uhr: *Nebel + Flaute = Scheiße.* Fluchen hilft! Nur 20 Minuten später setzt der versprochene Nordwind ein. Der Nebel löst sich auf, das Wolkengrau bekommt erste blaue Flecke, und um 16.00 Uhr schreibe ich: *Nord 3–4, Sonnenstrahlen, 5 Knoten auf der Logge = so muss Segeln!* Und es kommt noch doller. Kurz vor Sonnenuntergang müssen wir sogar reffen. Mit 8 Knoten zischen wir auf die Tonne Osterems zu – und vorbei. Hier hatten wir eigentlich abbiegen und für die Nacht in Borkum festmachen wollen. Aber es läuft gerade so schön! »Warum sollen wir jetzt aufhören?«, fragt Peter. »Los, lass uns weitersegeln, dann sind wir morgen früh in Terschelling.« Mein Steuerberater, wo er recht hat, hat er recht.

Die Red Ensign, die Gastlandflagge – gleich geht sie hoch!

Tatsächlich wird es eine wunderschöne Nachtfahrt. Der Himmel ist klar, die Sterne leuchten, wir glitschen auf einem silbernen Mondstrahl die Küste entlang. Wechseln uns alle paar Stunden unter der Sprayhood ab, überlassen aber die eigentliche Arbeit dem Autopiloten. Als Nächstes passieren wir die Tonne Riffgat, wo das Riff dahinter den schönen Namen *Geldsackplate* hat. Haken dann Insel für Insel ab. Die weißen Finger der Leuchtfeuer von Schiermonnikoog und Ameland stechen durch die Nacht und bleiben an Backbord achteraus. Weit entfernt an Steuerbord ziehen, wie an einer Perlenschnur, die Lichter der großen Dampfer vorüber.

Der Wind, der gegen Mitternacht etwas abgenommen hatte, frischt frühmorgens wieder auf. Wie Sprühnebel gischtet salziges Wasser übers Deck. Dann kommt Terschelling in Sicht. Der Himmel sieht aus wie frisch gewaschen, auf dem Tonnenhof leuchten die Farben in Fujicolor, als wir zur Frühstückszeit in den Inselhafen einlaufen. Im Nordwind bibbert man, in der Sonne wird man gebraten. Kaffee, Apfelkuchen und später am Nachmittag ein Pilsken.

Der Montagmorgen begrüßt uns mit Sonnenschein vom wolkenlosen Himmel. Rund 20 Meilen bis Harlingen. Aber aus dem Nordwind ist ein Südoster geworden, und wir müssen stellenweise gegenan. Allerdings weht es nur mäßig, und die Sonne ist wärmer als der Wind, sodass ich zum ersten Mal die kurzen Hosen anziehe und die winterweißen Beine ins Licht halte. Eine Stunde nach Niedrigwasser sind wir ausgelaufen, jetzt schiebt uns die Flut, und der steigende Pegel lupft uns auf unseren Kreuzschlägen über so einige Sandbänke hinweg, die in der Karte grün markiert sind. Als wir nach vier Stunden am Schwimmsteg im Zuiderhaven von Harlingen festmachen, hat das Tidenrevier endgültig seinen Schrecken verloren. Der Ostseesegler lernt: Wenn man sich an die Gezeiten-Zeiten hält, dann funktioniert es.

Peter ist hier schon fast zu Hause und wird von Joke mit dem Auto abgeholt. Aber nur 24 Stunden später steigt mein nächster Mitsegler aus dem Zug. Perfektes Timing, würde ich sagen. In Hamburg sind wir beinahe so etwas wie Nachbarn. Hermann und Jutta (und ihre Hühner) wohnen nur wenige Schritte von uns entfernt. Die Ostsee war von Kindesbeinen an auch sein Revier, aber mit dem Segelboot die Themse rauf und bis nach London, das hat er auch noch nicht gemacht. Überhaupt, wer hat das schon? Deshalb ist er jetzt gekommen, um bis Cowes zu bleiben. 14 Tage haben wir Zeit, also kein Grund zur Hektik. Es macht uns daher auch gar nichts aus, dass am folgenden Tag die Wolken tief hängen, von starken Windböen zerzaust werden und immer wieder Feuchtigkeit absondern. Da bleiben wir doch einfach im Hafen.

Harlingen ist Bilderbuchholland. Hübsche Giebelhäuser bestimmen das Stadtbild; fehlen nur ein paar Meisjes, die mit ihren Holzschuhen über die klinkergepflasterten Straßen klappern. Am Donnerstag, bei wieder schönstem Wetter, motoren wir durch zwei Klappbrücken, vorbei an zahllosen Plattbodenschiffen mit ihren bunten Rümpfen, die so plump aussehen und doch irre schnell segeln können. Ein strammer Vierer bläst uns noch mal nach Terschelling. Das spart später rund vier Stunden, wenn es dann so richtig losgeht, raus auf See und rüber nach GB. Windfinder verspricht uns, dass es am Sonnabend so weit sein soll. Dann soll der Wind über Nord auf Ost drehen. Also noch ein Wartetag an Land – bekanntlich haben Segler mit Zeit immer den richtigen Wind.

In Harlingen liegen die Plattbodenschiffe im Hafen, im Cockpit liegt Hermann in der Sonne.

R

RESCUE SYSTEM
by
TREM

4
3

Ein Problem ist inzwischen leider nicht mehr länger zu ignorieren, der Geruch ist eindeutig: Das Klo leckt. Sehr unangenehme Sache, das. Erst mal eine kräftige Süßwasserspülung aus dem Schlauch, um dann nach dem Trocknen hoffentlich herauszufinden, wo die undichte Stelle ist. Kloprobleme – welcher Segler kann dazu auch eine Geschichte erzählen? Nein, stopp, bitte nicht alle auf einmal … Und keine weiteren unappetitlichen Details an dieser Stelle. Nur so viel: Wir finden das Leck nicht. Das Problem wird also noch eine Weile mitsegeln.

Sonnabend. Der Himmel ist blau und wolkenlos. Aus dem Wäldchen hinterm Hafen ruft ein Kuckuck, als wir mit dem 8-Uhr-Glockenschlag vom Kirchturm die Hafenausfahrt passieren. Hermann in Polarkleidung, ich habe mich für die Shorts entschieden. Wir starten unser 3-Stunden Wachsystem. Wer als Erster? Wir ziehen Streichhölzer, ich ziehe den Kürzeren und fange an. Mittags schwächelt der Wind. Eine ganze Weile machen wir gute Miene zu diesem unwürdigen Spiel, aber schließlich beenden wir die nervige Dümpelei durch eine energische Drehung des Zündschlüssels. Wieder nix mit emissionsfreier Fortbewegung. Glattes Wasser, Ententeich. Immerhin habe ich so die Gelegenheit, in der nächsten Freiwache meiner neusten Lieblingsbeschäftigung nachzugehen: Lecksuche an der Bordtoilette. Leider weiterhin ohne riechbaren Erfolg.

Den ganzen Tag läuft der Motor ohne Mucken, ist halt nur etwas laut. Der Sonnenuntergang ist ein blutrotes Drama, später steht ein praller Vollmond am Himmel, der sich in der glatten See spiegelt. Eigentlich also eine schöne Fahrt. Auch die Großschifffahrt macht uns keine Probleme. Selbst ohne AIS würden wir die Pötte schon von Weitem erkennen. Keiner, der uns gefährlich nahe kommt. Einer hupt zwar mal prophylaktisch schön lang und laut, aber den habe ich doch schon lange auf dem Schirm. Dann der Sonnenaufgang, zu dem Hermann mich weckt. Immer noch brummt der Motor, aber dann setzt endlich der ersehnte Nordoster ein. Jetzt wird es bilderbuchmäßig. Blister hoch und Motor aus, nach sage und schreibe 17 Stunden.

Frühstück im Cockpit unter der großen Blase. Der bunte Lappen bringt Bewegung ins Schiff. Das bleibt so, bis der Wind so weit zunimmt, dass ich doch lieber auf Groß und Genua wechsle. Mit ausgebaumter Genua sind wir genauso schnell. Von Terschelling kommend, haben wir uns sauber südöstlich der Verkehrstrennung gehalten und sind bis zur rot-weißen Ansteuerung von Ijmuiden allen Windrädern ausgewichen. Von dort halten wir etwas westlicher, um auf die andere Seite der Einbahnstraße zu kommen, die in die Straße von Dover führt. Der Plotter ist programmiert, die Wegpunkte bis in die Themse markiert, und Hermann zeichnet das alles auch noch sorgfältig in die Karte. Ein bisschen wie ein Slalom sieht das aus. Gegen 18.00 Uhr quetschen wir uns zwischen der Greater Gabbard Windfarm und einem weiteren Verkehrstrennungsgebiet durch, halten dann noch etwas nach Westen, um drei Stunden später endgültig in die Themsemündung einzusteuern.

Was für ein Moment! Die Skyline der Londoner Canary Wharf direkt vor dem Bug. Vorher passieren wir die Thames Barrier, das Sturmflutsperrwerk, und schleusen schließlich, zusammen mit einer historischen Thames Barge, in die St. Katharine Docks.

Dann wird es dunkel. Der Wind fegt Wolkenfetzen über die helle Mondscheibe und erinnert uns daran, dass es vielleicht gut wäre, ein Reff ins Groß zu binden. Die Tide spendiert uns 2 Bonusknoten; die Logge zeigt zeitweise 9. Das Fahrwasser heißt hier Black Deep. Der Name ist Programm, man könnte wirklich das Fürchten kriegen. Links und rechts lauern gefährliche Sandbänke. Ein Frachter von vorn, ein Tanker von hinten, jetzt bloß nicht die Nerven verlieren. Zu allem Übel streikt bald darauf der Wind wieder, die Tide kippt, und obendrauf gibt's noch einen Regenschauer. Um 3.00 Uhr bin ich wieder dran. Ziemlich unausgeschlafen klettere ich ins Cockpit. Der Mond ist auch wieder da und beleuchtet die Wolken, als hätt's der Caspar David Friedrich gemalt. Plötzlich wird er rot und immer röter: eine totale Mondfinsternis, toll, was für ein Spektakel! So verfliegt die Zeit. Keine Nacht dauert ewig, und auch auf die Tide ist Verlass. Als es schließlich hell wird, kommt die Strömung wieder von hinten.

Um halb zehn nehme ich das Telefon und wähle die Nummer der UK Border Force. Seit Großbritannien aus der Europäischen Union ausgeschert ist, ist vieles komplizierter geworden. Auch die Einreiseformalitäten für Segler. Schon zu Hause in Hamburg hatte ich ein Formular ausfüllen müssen, auf dem ich penibel vermerken sollte, wer wann wo ins Land kommt. Namen, Passnummern, Einreisedatum und Port of Entry wollten sie wissen. Dazu die strenge Anweisung, beim Eintritt in die 12-Meilen-Zone die gelbe Flagge Q zu setzen und diese erst auf Anordnung eines Grenzbeamten gegen die Gastlandflagge auszutauschen. Das Telefon läutet, eine sehr sachliche Frauenstimme meldet sich. Ich erzähle ihr, wer wir sind und wo wir hinwollen. Sie nimmt das zur Kenntnis, sagt: »Wir melden uns wieder«, und legt auf.

Langsam wird es spannend. Von der Marschlandschaft links und rechts ist vom Wasser aus nicht viel zu erkennen. Der Fluss wird immer schmaler, spätestens ab Tilbury bestimmen Industrieanlagen das Bild. Noch bevor wir die Thames Barrier, das Hochwassersperrwerk, erreicht haben, taucht die Skyline der Docklands auf. Das Sperrwerk passieren wir nach Anmeldung über Funk. Bald darauf macht der Fluss eine scharfe Linkskurve, und dann befinden wir uns plötzlich auf der westlichen Seite der Erdkugel. Ein paar Minuten später schneidet der Nullmeridian den Flusslauf noch einmal in Längsrichtung, und wir probieren das Kunststück, so lange wie möglich auf der dünnen Linie zu balancieren.

Die Hochhäuser der City wachsen in den Himmel, und plötzlich steht die Tower Bridge direkt vor unserem Bug. Jetzt bricht auch noch die Sonne durch die Wolken – also, wenn ich das in meinem Club erzähle … Kurz vor der Brücke rein in die Hafenschleuse, dann können wir die Leinen im mittleren, dem schönsten Becken von St. Katharine Docks belegen. Montagmittag ist es nun, 55 Stunden nonstop seit Holland.

Ich stehe gerade bei der Hafenmeisterin, um Guten Tag zu sagen, als vier Gelbwesten auftauchen. Die Border Force – unser Begrüßungskomitee. Zurückgerufen haben sie nicht, sie kommen lieber gleich persönlich. Freundlich, aber sehr bestimmt sind sie, kontrollieren unsere Pässe, fragen, ob sie mal an Bord kommen dürfen, wo sie sich unauffällig umsehen. Was die wohl suchen? Als ich sie nach Beendigung der Prozedur frage, ob ich nun die Q-Flagge einholen darf, gucken sie recht doof. Die gelbe Flagge Q? Davon haben sie noch nie gehört. Landratten!

Cheerio!
The Jolly Sailor

Fürs Foto eine Ehrenrunde vor der Tower Bridge, Londons Wahrzeichen. So schnell werde ich hier sicher nicht wieder herkommen – jedenfalls nicht auf eigenem Kiel.

Oblomow

Hilton
Hilton

03

AHOY, LANDLUBBERS!

LONDON AM FREITAG, 20. MAI

Inzwischen haben wir uns prima erholt, Sommerwetter, wie gesagt. Und heute Morgen war Jerry an Bord. Jerry ist Marineservice-Fachmann und hat hoffentlich einen Schlussstrich unter das leidige Toilettenthema gesetzt. Pünktlich um 7.00 Uhr stand er auf dem Steg. Dann hat er das ganze Klo auseinandergenommen, alle Dichtungen gereinigt und für gut befunden, alles wieder zusammengebaut, 120 £ kassiert und gemeint, das sollte jetzt okay sein. Ansonsten wüsste er auch nicht. We shall see … Letzter Tag in London heute, morgen früh, mit dem ersten Hochwasser wollen wir wieder raus.

Da kann mir einer erzählen, was er will: Es ist doch ein Riesenunterschied, ob man irgendwo übers Wasser ankommt, sein Boot im Hafen vertäut, über die Reling klettert und den Fuß an Land setzt oder einfach nur aus dem Auto, Zug oder Flugzeug steigt. Da hat man überhaupt kein Gefühl für den Weg, die zurückgelegte Strecke! Das gilt für überall, aber ganz besonders für große Städte wie diese hier: London! Mit OBLOMOW im alten Dock direkt neben dem Tower, es ist wie ein Traum.

Natürlich haben wir ein Besuchsprogramm, und ganz oben auf der Liste steht die CUTTY SARK. Nach Greenwich wählen wir selbstverständlich den Wasserweg. Flotte Flusskatamarane bedienen die Strecke im Liniendienst. Unter der Tower Bridge geht's hindurch, und in Nullkommanix ist man da. Den Nullmeridian wollen wir uns auch noch mal genauer ansehen, die Astronomen haben den ja damals genau durch ihre königliche Sternwarte gelegt. Aber dann müssen irgendwann die Kaufleute, Controller, oder sollte ich besser sagen, die Wegelagerer gekommen sein, und nun soll man 16 £ Eintritt bezahlen für einen Tritt auf die Kupferschiene. Nicht mit uns.

Blick aus der Bar im *The Shard* auf das abendliche London. Unser Liegeplatz ist von hier aus gesehen gleich links hinter der Tower Bridge. Man gönnt sich ja sonst nichts.

Nachmittags treffe ich Sally, eine Freundin seit über 40 Jahren. Sie lebt mit ihrer Familie in Südengland, ist aber häufig in London und kennt sich hier aus. Wir schlendern durch den Borough Market, essen zu Abend in einem Fischlokal und betrachten dann, mit einem Gin Tonic in der Hand, die Welt von oben aus der Bar im 33. Stockwerk des Shard-Wolkenkratzers. Auch Paul kennt sich hier gut aus, auch er ein Freund seit vielen Jahren. Wir verabreden uns zum Lunch am nächsten Tag. Das Lokal, das er vorschlägt, liegt mitten in der City of London, dem Banken- und

Geschäftsviertel. »Don't wear shorts!«, ermahnt er mich. – Als ob ich jemals mit kurzen Hosen durch die Straßen von London laufen würde.

Hermann hat inzwischen Besuch von Jutta, seiner Frau, bekommen. Sie nutzt die Gelegenheit für eine Stippvisite. Das kaputte Bordklo hat sie allerdings abgeschreckt, deshalb möchten die beiden lieber in einer Pension übernachten. Aber alles Übrige stimmt, vor allem das Wetter! Zu Fuß ziehen wir durch die Stadt. Sloane Square, Exhibiton Road, Hyde Park. Wir stehen am Straßenrand und lassen die Royal Horseguards, die königliche Garde, hoch zu Ross vorüberziehen, die für die Parade zum Platin-Jubiläum der Queen üben. Mittlerweile ist es wieder ziemlich heiß geworden. Die armen Jungs in ihren bis oben zugeknöpften Uniformen können einem leidtun. Wir suchen und finden die Princess Diana Memorial Fountain, einen künstlich angelegten Wasserlauf auf einer grünen Wiese im Park. Frisches, klares Wasser perlt über hellen Granit. Wir tun es den anderen nach, ziehen Schuhe und Socken aus und waten hinein ins erfrischend kühle Nass. Saint Paul's Cathedral erreichen wir gerade rechtzeitig, um den Evensong zu erleben, die tägliche musikalische Abendandacht. Sehr berührend, tolle Akustik. Abends führt mich Sally noch mal aus, diesmal in die Brick Lane. Historisches Pflaster. Hier an der Ecke Thrawl Street stand seinerzeit ein Pub namens *Ye Frying Pan*, und hier vertrank in den frühen Morgenstunden des 31. August 1888 eine junge Frau, Mary Ann Nichols, ihr letztes Geld. Kurz darauf lag sie mit durchschnittener Kehle tot in der Gosse. Mary Ann war das erste Opfer von Jack the Ripper. Heute befindet sich im Haus des ehemaligen Bratpfannen-Pubs ein indisches Restaurant. Also ist das immer noch eine ziemlich heiße Gegend, auch wenn das »Hot« sich heute eher auf die scharf gewürzten Speisen bezieht, die überall angeboten werden. In der ganzen Brick Lane gibt es jede Menge indische Restaurants, also eigentlich nur indische Restaurants. Die Wahl fällt nicht leicht, weil's noch dazu überall recht voll ist. Die ganze Community scheint auf den Beinen zu sein, nur mit Glück finden wir schließlich einen freien Tisch.

Der Abend wird nicht allzu lang – morgen früh um 6.00 Uhr soll es weitergehen.

Cheerio!
The Jolly Sailor

Streben wie Spinnenbeine stützen den schweren Rumpf der CUTTY SARK.

Alle Zeit der Welt: Die Weltzeituhr am Royal Greenwich Observatory, direkt auf dem Nullmeridian.

Eine Hobby-Malerin hat OBLOMOW als Motiv entdeckt.

SHEPHERD
PATENTEE
LONDON
GALVANO MAGNETIC

BEKEN of COWES

Beken of Cowes

04

AHOY, LANDLUBBERS!

COWES AM FREITAG, 27. MAI

IM NAMEN DER HOSE

Cowes, das Segler-Mekka! Die ältesten Yachtclubs der Welt sind hier zu Hause. Gleich vorn am Eck, hinter den 22 goldglänzenden Kanonen für den Startschuss zu spektakulären Regatten, residiert im Cowes Castle der nobelste von allen: die Royal Yacht Squadron, gegründet 1815.

Über die stolze Seefahrts- und Seglergeschichte stolpert man im ganzen Ort auf Schritt und Tritt. Fast jedes Schaufenster ist mit Bildern der tollsten, schnellsten, größten und schönsten Segelyachten dekoriert. Und die meisten Fotos stammen natürlich von Beken of Cowes, der weltberühmten Fotografenfamilienfirma. Der kleine Laden mit dem großen Namen über der Tür ist nur ein paar Meter die Straße runter. Hier sitzt Kenneth Beken hinter seinem Computer, Yachtfotograf in dritter Generation, der letzte Aktive der Familie. Doch vor sechs Jahren hat er sein Boot verkauft und die Kameras ins Regal gestellt. Lohnt sich nicht mehr, jetzt, wo alle meinen, selbst die tollsten Bilder knipsen zu können. »Too many cooks on the Solent, so the chef has stopped working.« Schon traurig, dieser Kommentar, auch wenn Kenneth keinen wirklich unglücklichen Eindruck macht. Jetzt verkauft er aus dem riesigen Archiv hochfeine Bromsilber-Abzüge, die er alle immer noch eigenhändig vergrößert. Die Bestellungen kommen aus der ganzen Welt.

Die goldenen Kanonen vor der Royal Yacht Squadron und der kleine Laden einer großen Fotografendynastie. Kenneth Beken führt hier die Geschäfte in dritter Generation.

Und dann war da ja noch die Sache mit den roten Hosen. Inzwischen kriegt man die natürlich auch die Deutschland an jeder Ecke, aber eine echte Cowes-Hose – tja, die bekommt man eben nur hier. Ursprünglich durften eigentlich nur Sailors eine tragen, die den Atlantik überquert hatten – und zwar nicht an Bord eines Airbus, sondern eigenhändig per Segelschiff. (Weil's gerade so passt, hier noch eine Schnurre, die mir Kenneth erzählt hat: Zu Zeiten Lord Nelsons durften Männer, die einmal um Kap Hoorn gesegelt waren, nach dem Dinner einen Ellenbogen auf dem Tisch aufstützen. Und wer zweimal rumgekommen war, durfte beide aufstützen. Schön, oder?) Wie auch immer, ich wollte schon vor Jahren mal mit Harald zwar nicht über den Atlantik oder um Kap Hoorn, aber wenigstens nach Cowes segeln, nur um hier eine originale rote Hose zu kaufen. Ein Segeltörn im Namen der Hose. Hat damals leider nicht geklappt, aber nun bin ich hier! Der Verkäufer im ersten Laden verdreht die Augen: »Red trousers? Old school …« Nächster Laden:

Auch nichts im Angebot. Ein schneller www-Check verweist auf einen Onlineshop. Das nützt mir nichts. Dann entdecke ich *Osbornes* in der High Street. Eine reizende Lady steht hinter ihrem Ladentisch, schöne Hemden, blaue Blazer (goldene Knöpfe nur für die Crews, schwarze für die Eigner, habe ich auch vorhin von Kenneth gelernt. Als nämlich Queen Victoria »in mourning« war, konnte sie es nicht ertragen, von Herren mit goldenen Knöpfen auf der Brust umgeben zu sein …), aber von der Farbe *Cowes-Red* hat sie noch nie etwas gehört. Dabei hängen doch tatsächlich welche auf ihren Kleiderstangen. Knallrot? Vielleicht doch nicht. Lieber eher so ziegelrot, und die erste Hose, die ich anprobiere, passt mir auch gleich. Deal! Zurück an Bord, packe ich sie noch mal aus. Und jetzt fällt mein Blick auf das Etikett, und ich falle fast vom Glauben ab: Made in Germany … Aber ich habe die Quittung, wenigstens die ist »Made in Cowes«.

Start in London war letzten Sonnabend früh um sechs. Das Wasser in der Themse steht hoch und still, und nachdem wir aus der Schleuse gekommen sind, machen wir vor der Tower Bridge noch eine kleine Fotosession mit einer belgischen Crew. Wenig Wind wieder einmal, aber die Sonne ist so warm, dass sich selbst Hermann, der Polarforscher, in Shorts aufs Deck traut. Irgendwann ziehen wir den Blister ins Masttopp, bis er schlappmacht, weil dem Wind die Puste ausgeht. Kurzfristig muss der Motor einspringen. Als die Sonne am höchsten steht, liegt Southend-on-Sea an Backbord querab. Weiß leuchten die Häuser herüber, und wir bekommen einen ersten Eindruck, wie schön englische Seebäder vom Wasser aus aussehen können. Der Wind kommt später zurück, hat aber nun auf Süd gedreht. Wir sind inzwischen hungrig, vom Durst ganz zu schweigen, also dieseln statt kreuzen. Die Sonne geht ja inzwischen erst recht spät unter, und so schaffen wir's zum Sundowner nach Ramsgate. Da ist fix was los auf der Hafenmeile, Saturday Night Fever. Aber im *Queen's Head* ist noch ein Plätzchen am Tresen für uns frei.

Die Geräusche beim Aufwachen: Möwen schreien. Ein Boot tuckert vorbei. Kleine Wellen schmatzen an der Bordwand. Am Ufer knattert ein Motorrad. Stimmen auf dem Steg. Ich liege im Halbschlaf und überlege – wo sind wir eigentlich? Sunny Sunday in Ramsgate. Ein typisch englisches Seebad. Aus der Ferne betrachtet sind sie alle wunderhübsch, aber aus der Nähe wirken sie manchmal leicht ranzig. Großflächig blättert der Putz von den Fassaden, alles ist offensichtlich ein bisschen in die Jahre gekommen, und sicherlich haben auch die Coronamonate ihr Teil dazu beigetragen. Der Geruch von Frittenfett und Essig zieht einem in die Nase. Aber ich mag das alles so, wie es ist, vor allem das bunte Leben, das sich vorn an der Hafenkante abspielt. Restaurants, Pubs, Foodstands und ein Schiffsausrüster, der auch sonntags offen hat. Hier bekomme ich, was ich brauche, um das Kloproblem endlich und ein für alle Mal zu erledigen. Denn leider war Jerrys Diagnose falsch. Es war noch nicht okay, und natürlich hat mich das nicht losgelassen – wie auch? Gestern habe ich endlich rausgefunden, was es wirklich war! Achtung, Triggerwarnung, denn jetzt wird es unappetitlich: Nicht das Klo war nämlich das Problem, sondern der Schmutzwassertank. Der muss irgendwo ein Leck haben. Genau lokalisieren konnte ich das nicht, aber das würde ja auch nichts nützen, denn ambulant flicken lässt sich das nicht. Nun werden die Abwasserschläuche zu einem Bypass verkuppelt, so ist der Tank außer Betrieb, und damit hat die liebe Seele hoffentlich Ruh. Am Nachmittag füllt sich der Hafen mit schönen, wirklich schönen alten Motoryachten. Viel Holz und blinkendes Messing. Eine kleine Flottille historischer Kreuzer kommt zurück von einer Geschwaderfahrt rüber nach Frankreich. Liebevoll gepflegte Oldtimer, die schon 1940 im Einsatz

Bleibt noch die Frage offen, wie und mit was um alles in der Welt sich rote Hosen einigermaßen sinnvoll kombinieren lassen. Der Blog »Look at my fucking red trousers!« gibt Antworten.

SMOOTH OPERA
MELBOURNE
BERTHING MASTER

waren. Damals wurden mit ihrer Hilfe britische und französische Soldaten, die von der deutschen Wehrmacht eingekesselt waren, über den Englischen Kanal in Sicherheit gebracht.

Für Montag war uns Ostwind versprochen worden. Doch Pustekuchen. Um 7.45 Uhr beim Auslaufen null Wind. Dafür leichter Regen. Die weißen Klippen von Dover sehen eher grau aus. Das Atomkraftwerk Dungeness würde vermutlich auch bei Sonne nicht sympathischer aussehen. Auf Kanal 16 hören wir ein Mayday-Relay der Küstenwache. Ein kleines Boot, nicht näher beschrieben, mit mehreren Personen an Bord, hat an einer Untiefentonne festgemacht. Schiffe, die sich in der Nähe befinden, sollen Ausschau halten. Wir vermuten, dass es sich um ein Flüchtlingsboot handelt, sind aber nicht in der Nähe und hören auch nichts weiter davon. Kurz darauf sehen wir selbst ein Schlauchboot, das mit hoher Geschwindigkeit auf uns zuhält. Definitiv kein Flüchtlingsboot. Die UK Border Force hat offensichtlich Langeweile. Schwarz vermummte Gestalten mit Helm und Knarre, sie kommen längsseits, wir geben ihnen ein kurzes Interview. Sie stellen wieder dieselben Fragen nach dem Woher und Wohin, wir erzählen ihnen, was sie hören wollen, dann rauschen sie wieder ab.

Später kommt er dann, der Wind, aber natürlich nicht aus Ost, sondern direkt von vorn. Ziemlich blasig noch dazu, aber das hatten wir irgendwie geahnt und schon rechtzeitig die Genua gegen die kleinere Fock getauscht. Später wird sogar noch ein Reff im Groß notwendig. Wende um Wende, tapfer stürmt OBLOMOW gegen die Wellen an. Wenn das sein Namensvetter, der Romanheld, sehen könnte! Aber es dauert natürlich, und so ist es schon stockdunkel, als wir endlich die Hafeneinfahrt von Eastbourne voraus haben. Zuerst tauchen, wie schwarze Schatten, die riesigen Molenköpfe auf. Vom Hafen selbst ist noch nichts zu sehen. Wir kommen bei Niedrigwasser an, da ragen die Mauern gleich doppelt so hoch, und erst recht in dieser Dunkelheit. Mit dem Handscheinwerfer tasten wir die haushohen Wände auf beiden Seiten ab. Auf Kanal 17 nehmen wir Kontakt zum Hafenmeister auf, der auch die Schleuse bedient. Sie macht den inneren Hafen tidenunabhängig und sicher. Jetzt, bei Ebbe, ist die Rinne zur Schleuse nur ein dünnes Rinnsal, zwar betonnt, nur fehlen im Moment leider ein paar Tonnen, wie uns freundlicherweise über Funk mitgeteilt wird. Aber wir kommen klar, werden durchgeschleust und kriegen einen Platz am Schwimmsteg zugewiesen. Zu guter Letzt noch die betrübliche Mitteilung, dass wir zu spät dran sind, alle Pubs in der Umgebung haben leider schon geschlossen.

Jetzt gilt es, gut zu planen. Hermanns Abreise steht für Donnerstag fest, bis dahin müssen wir also auf jeden Fall in Cowes sein. Wegen der Tidenströmungen und wegen des Schiffsverkehrs im Solent will ich da keinesfalls nachts im Dunkeln reinfahren, womöglich noch auf Kreuzkursen. Wenig Zuversicht verbreitet wieder mal die Windvorhersage. Ab Mittwoch sollen die Ausläufer eines Atlantiktiefs für ordentlich Knatter sorgen. 60 Meilen wäre die direkte Strecke, bei Wind von vorn natürlich entsprechend mehr. Deshalb beschließen wir folgende Taktik: Dienstag um die Mittagszeit bei Niedrigwasser raus aus Eastbourne, kreuzen, was das Zeug hält, bis nachts der Wind unter Land – hoffentlich – etwas abnimmt. Dann Motor an und direkt drauflos, um anderntags im Morgenlicht da zu sein. Inschallah.

OBLOMOW in Schieflage im Newtown Creek und ein 50-Füßer in Yarmouth, der es nicht ohne Einparkhilfe schafft (u. l.). Sonniges Frühstück am Ankerplatz.

Geplant, getan. Als wir rauskommen, ist vor der Schleuse schon ordentlich was los. Ohne Sonnenschein, bei Grauwetter, würde es uns womöglich sogar gruseln. Wellen, aber was für welche!

laschengrün, oben durchsichtig und mit leuchtend weißen Mützen. Sobald eine Wolke aufzieht, werden sie sofort dunkelgrau. Also, ohne jetzt jedes Manöver, jede Wende, jede Welle an Deck einzeln aufzuzählen – es ist beeindruckend. Echt ein harter Ritt. Aber der gute alte OBLOMOW nimmt es gelassen, und nach kurzer Zeit macht uns das Ganze sogar richtig Spaß. Die weißen Klippen von Beachy Head und den Seven Sisters (die ohnehin viel eindrucksvoller sind als die von Dover) leuchten in der Nachmittagssonne. Unsere Taktik geht voll auf! Gegen Abend nähern wir uns der Küste. Der Wind nimmt tatsächlich so weit ab, dass wir unter Motor Meilen gutmachen können. Vorbei an einer Reihe von Seebädern, von Brighton bis Selsey, die ihre Lichter durch die Nacht funkeln lassen. Und am Himmel über uns funkeln die Sterne.

Kurz nach Mitternacht schiebt sich ein Mondviertel am Horizont hoch, aber der Himmel ist so klar, dass man auch die Schattenseite mit bloßem Auge deutlich erkennen kann. Viel zu viele Sorgen hatte ich mir über die Einfahrt in den Solent gemacht. Oder liegt es an der guten Planung? – Jedenfalls erreichen wir Cowes ganz ohne Probleme, melden uns wieder über Funk an und machen in der Shepards Marina fest. Als der Wind so gegen neun, halb zehn tatsächlich deutlich auffrischt, sitzen wir salzverkrustet und auch etwas müde, aber sehr zufrieden mit einem Frühstücksbier im Cockpit.

Aus dem wohlverdienten Vormittagsschlaf werden wir dann auf Post-Brexit-Art geweckt. Jemand klopft aufs Deck. Wieder vier schwarze Gestalten, schon wieder dieselben Fragen, die wir den Kollegen in London, ebenso wie den Schlauchbootkameraden, schon beantwortet haben. Zwei von denen klettern auch wieder ins Cockpit. Langsam nervt das. Warum können wir nicht einfach einen Stempel in den Pass bekommen, damit wir nachweisen können, dass wir schon längst einklariert haben? Nein, sagt der schwarze Mann, das ginge natürlich nicht. »Schließlich seid ihr ja immer noch Europäer!« Wie bitte? So denken sie hier also, was für eine unglaubliche Anglozentrik. Mir fällt die Schlagzeile ein, über die sich alle Welt vor vielen Jahren amüsiert hat: »Fog in Channel, continent cut off«. Aber wenigstens bleiben sie freundlich. Und weil ich energisch drauf bestehe, kriege ich schließlich auch meinen Stempel. Mit dem handschriftlichen Vermerk dazu: Stam [sic!] Requested.

So, und nun hat Hermann gestern Morgen abgemustert, und ich warte auf meinen nächsten First Mate. Albrecht kommt aber erst nach Pfingsten, also in elf Tagen. Da hat das Timing mal nicht so gut geklappt, allerdings war mir das schon länger bekannt. Nur, so lange werde ich hier nicht liegen bleiben können. Morgen muss ich hier weg, denn übers Wochenende sind alle Plätze vergeben. Ich lerne: Man reserviert hier telefonisch gern auch schon Tage und Wochen im Voraus. Dafür stehen dann aber auch ein paar Jungs auf dem Steg, wenn Vati und Mutti mit ihren Riesenschiffen ankommen (50 Fuß ist hier der Standard, vielen Engländern scheint es immer noch recht gut zu gehen), und kümmern sich um die Leinen. Mal sehen, vielleicht lege ich mich für ein paar Nächte im Newtown River vor Anker. Der befindet sich ein paar Meilen weiter westlich und gehört zum Newtown National Nature Reserve. Naturidyll contra Hafentrubel. Langsam muss ich auch ein bisschen auf mein Budget achten. Die nehmen's ja hier von den Lebendigen, kein Hafen unter 30 £. Der Hammer war natürlich London mit 72 £ pro Nacht. Aber ich bin ja nicht zum Sparen hergekommen.

Cheerio!
The Jolly Sailor

God save the Queen! 70 Jahre regiert sie ihr Reich – Platin-Jubiläum! Für viele Engländer ein Grund mal richtig Flagge zu zeigen.

Folgende Doppelseite: Sehen eigentlich eher aus wie Backenzähne, die Needles am Westausgang des Solent.

HALIFAX

QUEEN ELIZABETH II
1952
PLATINUM JUBILEE

05

AHOY, LANDLUBBERS!

POOLE AM PFINGSTMONTAG, 6. JUNI

DER 37. TAG

Eigentlich hatte ich einen Besuch im Beaulieu River geplant (die Engländer sagen *Bjuhli River*), um mir die GIPSY MOTH IV anzusehen, mit der Sir Francis Chichester 1966/67 als erster Alleinsegler mit nur einem Stopp um die Erde gesegelt ist.

Die hatte viele Jahre lang hoch und trocken in Greenwich gelegen, direkt neben der CUTTY SARK, aber seit 2005 hat sie wieder Wasser unterm Kiel. 40 Jahre nach der ersten Runde ist sie noch mal Round the World gesegelt worden, wäre dabei beinahe verloren gegangen, als sie in der Südsee auf ein Riff lief, ist dann durch mehrere Hände gegangen und sollte nun, Mai 2022, wieder in Bucklers Hard liegen, dem Hafen im Beaulieu River, von dem Chichester damals gestartet war. Aber wie gesagt, so einfach geht so was hier nicht. Das mit der telefonischen Anmeldung habe ich ja inzwischen gelernt. Tja, aber dann kriegt man eben auch mal eine glasklare Absage. Die ganze nächste Woche sind die ausgebucht, total irre. Diskutieren hilft da überhaupt nicht. Also, aus Cowes muss ich weg, in Bucklers Hard wollen sie mich nicht haben, zum Glück gibt's in Port Hamble noch ein Plätzchen für OBLOMOW und mich.

Die Sonne scheint vom blauen Himmel, der Wind hat sich ins Wochenende verabschiedet, aber es sind ja nur sieben Meilen quer über den Solent Richtung Southampton. Da muss der Wind heute mal aus dem Tank kommen. Ich bin früh genug unterwegs, um mich vom auflaufenden Wasser in den Hamble River spülen zu lassen. Wie die Gezeiten zu nutzen sind, habe ich inzwischen gelernt. Hier im Solent kommt aber ein Phänomen dazu, das die ganze Sache ein wenig verkompliziert: An manchen Tagen kommt die Tide gleich zweimal. Ich habe dafür mehrere Erklärungen bekommen. Am plausibelsten erscheint mir die, dass es wohl daran liegt, dass die Gezeitenströme mal linksrum und mal im Uhrzeigersinn um die Isle of Wight herumfließen. Wie auch immer. Natürlich studiere ich die Tabellen im *Reeds,* klar, denn dafür habe ich den kiloschweren Nautical Almanac ja mitgeschleppt. Aber da lauern eine Menge Fallstricke, letztendlich verlasse ich mich auf eine App, die mir aktuell und auch für die nächsten Tage genau die Tiden und Strömungen anzeigt.

Diese Engländer: Wenn sie feiern, dann richtig. Ob im Pub in Yarmouth, oder beim Singalong in der Kirche in Poole. Long live the Queen!

Im Hamble River reiht sich eine Marina an die andere, alle sind sie rappelvoll. Ein Mastenwald bis zum Horizont. Nicht nur an Stegen liegen sie hier, sondern auch an Mooringbojen. Stellenweise kann ich die Durchfahrt nicht erkennen, so eng ist es. Auf Kanal 80 melde ich meine Ankunft und bekomme genau gesagt, wo ich festmachen darf. Sehr angenehm, gerade auch wenn man allein an Bord ist, sind die schwimmenden Fingerstege, an denen man quasi längsseits festmacht. Keine blöden Pfähle wie hierzulande, wo die Größe der Box selten passt, weil die Dalben immer entweder zu breit oder zu eng stehen und die Heckleinen immer entweder zu lang oder zu kurz sind. Außerdem kann man hier mittschiffs von Bord steigen und muss sich nicht über den Bugkorb hangeln.

Mir fällt auf, dass meisten Boote, die hier vertäut liegen, aus deutscher Produktion kommen. Hanse, Dehler, Bavaria in großen Stückzahlen. Und wenn ich über den Parkplatz vor dem Clubhaus gehe und die ganzen Porsche, BMW und Mercedes-SUV sehe, dann frage ich mich, was sich diese Leute eigentlich gedacht haben, als sie für den Brexit gestimmt haben. Aber das nur am Rande.

Ich bleibe nur eine Nacht. Nicht nur, weil die Liegegebühr wieder unanständig hoch ist, sondern vor allem, weil mir der Sinn nach einem ruhigen Ankerplatz steht. Mal ein bisschen Urlaub machen, mal ein paar Tage nicht segeln müssen … Außerdem bin ich ein bisschen ausgebremst, weil ich immer noch auf Albrecht warten muss und nicht allzu weit vorauseilen will.

Sonntag; der Solent ist voller weißer Segel. Fast wie in der Lübecker Bucht an einem schönen Wochenende. Vorsichtig taste ich mich in die Mündung des Newtown River. Sehr spannend, ich habe bis jetzt noch nie in einem Tidenrevier geankert. Habe aber vorher alle Strömungen genau studiert und rutsche wieder mit dem auflaufenden Wasser rein. Ist eigentlich gar nicht so schwierig, und man ist ja hier auch nicht allein. Ich schaue halt, wie's die anderen machen, wo die ihren Anker werfen, und suche mir dann einen Platz etwas abseits der ausgelegten Festmachertonnen. Als das Echolot viereinhalb Meter anzeigt (wir haben jetzt Hochwasser), lasse ich den Anker fallen. Einige Boote liegen wie ich am eigenen Eisen, andere haben sich eine der ausgelegten Moorings geangelt. Festmachen an einer dieser Tonnen kostet auch hier. Nachmittags kommen zwei Gentlemen durch die Bucht getuckert, um zu kassieren. Ankern ist tatsächlich mal umsonst, aber sie kommen auch bei mir längsseits und bitten sehr freundlich um eine freiwillige Spende für den National Trust, dem das hier alles gehört. Da lässt man sich natürlich nicht lumpen.

Montag, mein erster »Urlaubstag«. Nach dem Frühstück lasse ich das Schlauchboot, das ich in Cowes aufgepumpt und auf dem Vorschiff verzurrt hatte, zu Wasser und paddle damit los. Wieder ist Hochwasser, und es macht Spaß, dicht am Ufer über Stellen zu fahren, die, wie ich gestern Abend gesehen habe, bei Ebbe komplett trockenliegen. Dann krabbeln Seehunde die Böschung hoch und bleiben faul liegen, bis das Wasser zurückkommt. Dabei schnaufen, grunzen und jaulen sie die ganze Zeit, als wenn sie sich unterhalten würden. Ich mache einen Spaziergang zum nächsten Ort, wo ich im Dorfladen ein paar Kleinigkeiten einkaufe.

Als ich ein paar Stunden später zurückkomme, ist das Wasser schon wieder um mehrere Dezimeter gefallen. Ich sitze im Cockpit, freue ich mich über die mitgebrachten Scones, den heißen

Tee und die schöne Nachmittagssonne, als ich plötzlich das Gefühl habe, hier stimmt was nicht. Irgendwas ist auf einmal anders. OBLOMOW bewegt sich ganz komisch, und kurze Zeit später bewegt er sich gar nicht mehr. Die anderen Boote schwoien im Wind und werden vom Ebbstrom gedreht und gewendet. Wir nicht. Ich greife nach der Pinne, aber das Ruder lässt sich nicht bewegen. Der Teebecher kommt langsam ins Rutschen, und erst da begreife ich – wir sitzen fest! Der Wind hatte während des Tages um 90 Grad gedreht und etwas zugelegt. Zusammen mit dem abströmenden Wasser hat das anscheinend gereicht, den Anker ein paar Meter wegzuziehen. So muss ich die Erfahrung machen, dass auch ein Boot vorübergehend zur Immobilie werden kann. Schlick happens. Es sieht aber dramatischer aus, als es ist. OBLOMOW krängt zwar ordentlich, aber nicht stärker, als auf einem Hoch-am-Wind-Kurs. Und weil das Ganze erst etwa eine Stunde vor Niedrigwasser passiert, schwimmt er zwei Stunden später schon wieder aufrecht. Ein kurzes Manöver unter Maschine, um den Anker neu auszulegen, dann ist alles wieder fein. Am Ufer schnaufen die Seehunde.

Nach zwei Tagen und drei Nächten muss wieder ein Ortswechsel sein. Yarmouth, nur fünf Meilen weiter westlich, könnte mir gefallen. Ein hübscher Ort mit Yachtclub und netten Pubs, und auf der Website steht, dass man hier nicht zu reservieren braucht. Anmeldung über Funk bei der Ankunft reicht. Dann kommen die Platzanweiser, die Berthing Master, angeflitzt, flotte Jungs in kleinen, rundum fenderbewehrten Booten. Die zeigen dir, wo es langgeht. Bin gespannt, ob das klappt, denn dieser Tage treffen sich hier die Old Gaffer, klassische Gaffelsegler, das könnte voll werden. Aber noch sind sie nicht alle da, und ich bekomme meinen Wunschplatz an einem sogenannten »Island Pontoon«, einem Schwimmsteg ohne Landverbindung. Da liegt man bedeutend billiger als an den »Walk-Ashore-Pontoons«, aber man braucht halt ein Dingi. Sonst muss man das Wassertaxi rufen.

Hier bleibe ich wieder ein paar Tage. Am Donnerstag weht zwar eine traumhafte Brise aus Ost, der ideale Wind für den Schlag nach Poole. Aber Pfingsten steht vor der Tür, und ich habe telefonisch wieder einen Korb gekriegt. Im Grunde kann ich froh sein, hier untergekommen zu sein. Am Abend befestigen sie ein Transparent neben der Hafeneinfahrt – LIMITED SPACE steht da in großen Buchstaben darauf. Im Solent ist der Teufel los.

Es ist ja nicht nur das bevorstehende Pfingstwochenende, es ist ja auch der große Tag der Queen. Im ganzen Land wird das Platin-Jubiläum von Elisabeth II. gefeiert, mit Picknicks und Paraden nicht nur in London. Irgendwas in der Richtung wird ja wohl auch hier laufen, und wenn ich schon mal hier bin, will ich davon natürlich auch was mitkriegen. Aber nix da. Im Hafen flattern zwar in allen Riggs die Fahnen und Fähnchen, aber mehr nicht. Merkwürdig. Ich bin mitnichten ein Royalist, aber neugierig. Nun gut, also mal sehen, was das Fernsehen zeigt. Sicher wird da doch alles lückenlos übertragen, das Vom-Balkon-Winken der Windsors und so weiter, kann doch gar nicht anders sein. Ich schaue ins nächstgelegene Pub. Da stehen die Nachmittagsbiertrinker am Tresen und über den großen Bildschirm flimmert: ein Golfturnier.

Aber dafür erlebe ich Hafenkino vom Feinsten. Eine gediegene dunkelblaue X-50, also ein 15-Meter-Teil, wird von einem Berthing Master zum Liegeplatz eskortiert. Zwei Personen an Bord, am Ruder

PE1044
PE1044

ein älterer Gentleman, eine Lady an der Vorleine. Mit ihren pinken Shirts machen sie Bella Figura, wie sie so mit Schmackes rückwärts die Hafengasse runterkommen. Aber dann geht leider alles voll in die Hose. Trotz Bug- und ich weiß nicht was noch für Strahlrudern kriegt der Skipper sein Schiff nicht gerade an den Steg. Minutenlang jaulen die Motoren, aber wenn der Berthing Master nicht tatkräftig eingegriffen und den Rumpf in die richtige Richtung gedrückt hätte, wären die wohl noch immer nicht fest. Ich frage mich: Was wollen die Leute mit so einem Riesenkahn, wenn sie nicht damit umgehen können?

Am Sonnabend löse ich ein Busticket und fahre in die Inselhauptstadt Newport. Und da ist tatsächlich ein bisschen Jubiläums-Action. Eine Bühne auf dem zentralen Platz mit Livemusik und endlich die obligatorische Prozession die High Street runter, mit Blaskapelle und Tanzgruppen, angeführt von einem Oldtimer-Korso. Ausschließlich British Cars aus einer Zeit, als in England noch Autos gebaut wurden, die auch noch schön aussahen – anders als auf den Parkplätzen der Yachtclubs. Ausgelassene Stimmung, Fähnchenschwenker überall. Na bitte, geht doch.

Hafenkino, Teil 2. Am späten Nachmittag kommt ein Motorboot mit sehr fröhlichen, um nicht zu sagen angeheiterten Kids vorbei. Sie steuern Richtung Hafenausfahrt, aber plötzlich kommen sie vom Kurs ab. Ein aufheulender Motor, ein dumpfer Aufprall, dann lautes Geschrei. Mit einigem Tempo sind sie gegenüber voll Karacho gegen ein Segelboot gebrettert. Passiert halt, wo ist das Problem, scheinen sie zu denken. Fröhlich winken sie den erschrockenen Seglern zu, die im Cockpit gesessen haben, als es rumste, legen den Rückwärtsgang ein und wollen einfach weiterfahren. Daraus wird aber erst mal nichts. Ein Hafenmeisterboot ist schon zur Stelle und hält sie auf. Großes Palaver, Fotos werden gemacht, bis klar wird, dass wohl kein nennenswerter Schaden entstanden ist. Als sie schließlich abdampfen dürfen und dabei an mir vorbeikommen, lese ich am Heck den Namen: TOUCH & GO.

Abends kommt endlich auch in Yarmouth mal ein bisschen so was wie Jubilee-Euphorie auf. Vorn am Wasser, im Garten des schicken Hotels *The George* feiern die Beautiful People. In den Gläsern perlen rosa Getränke, alles pink, wohin man blickt. Wenn die Isle of Wight Sylt wäre, dann wäre das hier Kampen. Ich hole mir ein Bier. Später laufe ich auf ein zweites ins *Salty's*, dann reicht es. Um halb elf schaue ich mir noch das Feuerwerk an, das über unseren Köpfen abgebrannt wird, danach geht's ab in die Koje. Morgen will ich sehr früh los. Das muss ich, wenn ich den Tidenstrom nicht gegenan haben will. Der Wind soll auch mitspielen, nun will ich endlich nach Poole. Dazu muss ich die Needles passieren, die berühmten drei Zacken, die den westlichen Eingang zum Solent markieren. Das ist ein berüchtigtes Seegebiet mit fiesen Strömungen.

Pfingstsonntag, um Punkt 6.00 Uhr, motore ich aus dem Hafen. Der Himmel ist grau, ein Nordost weht mit 2, später 3, und OBLOMOW rauscht dank Schiebestrom mit 8 Knoten an den gefährlichen Nadelfelsen vorbei. Trotz der ansonsten ruhigen See strudelt und wirbelt es hier, und direkt neben dem Fahrwasser sehe ich stehende Wellen. Bei miesem Wetter hat man hier mit Sicherheit ganz schlechte Karten. Aber heute läuft alles geschmeidig, noch vor der Sherrytime bin ich in Poole. Südlich der Einfahrt gibt es schöne Felsen mit lustigen Namen. Da steht Old Harry, und ein kleinerer direkt daneben, das ist Old Harry's Wife.

Es schäumt der Schaum, es wogt die Welle, wenn OBLOMOW Fahrt aufnimmt.

Vorherige Doppelseite: Begegnung auf hoher See. Ein Fischer aus Penzance kontrolliert seine Hummerkörbe.

compass

Poole Harbour ist eine riesige Bucht, einer der größten Naturhäfen der Erde. Hinter der Einfahrt, die nur 300 Meter breit ist und aus der einem, wenn man es schlecht getimt hat, die Ebbe mit 5 Knoten entgegenkommen kann, liegt eine weite Wasserfläche, die aber im Durchschnitt nur 50 Zentimeter tief ist. Das Ganze ist ein von Meerwasser und mehreren kleinen Flüssen überflutetes Tal, in dem die ausgebaggerten ehemaligen Flussläufe die Fahrrinnen bilden. Mehr als zehn Marinas und Yachtclubs haben sich hier angesiedelt, an zahllosen Bojen schaukeln Schiffe. Besucher sollen im Poole Quay Boat Haven festmachen. Das hätte ich auch ohne diesen Hinweis getan, denn dort liegt man direkt neben der Altstadt. Die meisten anderen Stege sind ziemlich weit weg um die ganze Bucht herum verstreut.

Das Seafood-Festival, dessen Besucher übers Wochenende die Liegeplätze blockiert hatten, wird gerade abgebaut, als ich durch das Städtchen schlendere. Trotzdem muss ich nun endlich mal das britische Nationalgericht kosten: Fish & Chips. Das Ganze auf die Hand ist sicher die authentische Variante, aber ich setze mich lieber in ein Pub und lasse mir die Fritten und das panierte Filet auf einem Teller servieren. Grüne Erbsen dazu und jede Menge Ketchup, fertig ist die Mahlzeit. Schmeckt gut und außerdem: When in Rome do as the Romans do. Muss ja jetzt nicht jeden Tag sein.

Der Nachmittag ist schon dabei, in den Abend überzugehen, als ich an der St. James' Church vorbeikomme. Von drinnen dringt Musik an mein Ohr. Kaum spähe ich neugierig durch den Türspalt, schon habe ich ein Textblatt in der Hand. »Songs of Praise« heißt die Veranstaltung, ein Singalong zu Ehren der Königin. Die Sitzreihen sind gut gefüllt. Ganz vorn sitzt ein Chor, dessen ein oder anderes Mitglied die Krönung vor 70 Jahren schon selbst miterlebt haben dürfte. Als Erstes wird die Hymne gesungen, die auch 1952 während der Krönungsmesse gesungen wurde. Dann erzählt eine grau gelockte Lady Stories und Anekdoten aus dem Leben der Queen und der britischen Geschichte. Dann wieder Gesang. Ich kann gar nicht anders und singe einfach mit. So geht es im Wechsel weiter, bis zu guter Letzt das unvermeidliche *God Save The Queen* geschmettert wird. Da haben plötzlich die Chordamen einen Reif im Haar mit Fähnchen drauf, alle Übrigen halten Fähnchen in den Händen, die sie enthusiastisch schwenken. Da halte ich mich denn doch ein wenig zurück.

Der heutige Montag sieht mich schon morgens in Joggingschuhen, ich laufe bis nach Sandbanks, vorn am offenen Meer. Den Rest des Tages verbringe ich mit Einkaufen und Wäsche waschen. Morgen werden wieder die Segel gesetzt. An Old Harry und seiner Frau vorbei, und dann mit Westkurs nach Weymouth. Da wird Albrecht übermorgen endlich aus dem Zug steigen, und dann ist erst mal wieder Schluss mit der Alleinsegelei. War aber mal wieder ganz schön.

Cheerio!
The Singlehanded Jolly Sailor

Nach Stunden an der Pinne darf ich abends auch mal die Füße hochlegen.

AWARD-WINNING REAL DAIRY ICE CREAM
ICE CREAM FOR DOGS
FRESHLY GROUND COFFEE
FOOD MENU
HOT DRINKS
COLD DRINKS

FULL ENGLISH BREAKFAST
TAKEAWAY 3.85 or EAT IN 4.60
ROLL

06

AHOY, LANDLUBBERS!

SAINT MAWES AM SONNABEND, 18. JUNI

DER 49. TAG

Die Abreise aus Poole beginnt so, wie mir besorgte Freunde zu Hause das prophezeit haben. Grau und diesig. »England? Und Schottland?? Da ist doch immer nur schlechtes Wetter. Also ich würde mir das ja noch mal überlegen.«

So oder ähnlich lauteten viele Kommentare, wenn ich von meinem Vorhaben erzählte. Aber natürlich hat mich das nicht abgeschreckt, denn ich wusste ja, wie es in Wirklichkeit ist. Nämlich so wie heute. Ab mittags klart es auf, nachmittags hat die Sonne die letzten Dunstschleier restlos vertrieben. Dafür spielt der Wind seine Spielchen mit mir. Er startet mäßig aus Südost, dreht dann über Süd bis auf West, und damit es mir nicht langweilig wird, pustet er zwischenzeitlich ordentlich los, sodass ich sogar die Segelfläche verkleinern muss. Da bin ich etwa auf der Höhe von St. Alban's Head. Oben platt wie ein Tafelberg, liegt das hohe Kap im Norden. Das Seegebiet davor wird Ledge genannt, und ein Blick in die Karte bereitet mir gewisse Sorgen. *Overfalls on West-going stream* lese ich, stehende Wellen. Dazu sind da viele spiralförmige Kringel reingemalt. Tatsächlich kommt mir die Tide inzwischen entgegen, aber das Gebiet zu umfahren hieße, wenigstens fünf weitere Meilen weit nach Süden zu fahren. Ich riskier's einfach, Kurs ändern, wenn es unangenehm wird, kann ich immer. Und voilà, die See meint es heute gut mit mir. Ein Gegenstrom von geschätzten anderthalb Knoten lässt meine Bugwelle schön rauschen, aber sonst bleibt um mich herum alles ruhig. Das nächste Hindernis ist ein großräumiges Schießgebiet direkt voraus. Da ich aber über Funk keine Warnmeldung gehört habe, an Land auch keine roten Lichtsignale erkennen kann und zudem einen Fischkutter sehe, der da vorn in aller Ruhe sein Netz durchs Wasser schleppt, halte ich Kurs und fahre mitten hindurch. Und siehe da, keiner versucht, mich daran zu hindern.

Sonnenanbeter auf der Promenade von Weymouth, und ein Denkmal für alle Seeleute am Hafen von Brixham.
Ein Pasty ist eine volle Mahlzeit im Teigmantel – nicht nur zum Frühstück.

Der Wind hat sich nun bei Südwest 3 bis 4 eingependelt. Das ist perfekt! Jetzt habe ich einen Anlieger direkt auf Weymouth. Und weil es schön gleichmäßig weht und kaum Welle steht, kann OBLOMOW mal wieder zeigen, was er kann. Ich lasse die Pinne einfach los, zupfe noch ein bisschen an den Schoten, und dann fährt er ganz ohne mein weiteres Zutun seinen Kurs, immer geradeaus. Stundenlang geht das so, ohne dass ich eingreifen muss. Langkieler eben.

Weymouth ist wieder ein typisch englisches Seebad, wenngleich zum Glück ohne den typischen »Mundgeruch«: Hier weht mal nicht aus jeder zweiten Ladentür der Dunst von heißem Fett. Stattdessen empfängt mich eine prächtige Promenade, auf der mittig in allerbester Lage das *Royal Hotel* thront. Links und rechts davon ein Bed & Breakfast neben dem anderen, davor aufgereiht kleine Pavillons mit schmiedeeisernen Dächern, und ganz vorn knabbern die Wellen an einem sauberen, breiten Strand aus feinstem, hellem Sand.

Hier kommt also Albrecht am Mittwoch mit dem Zug an, von Hamburg über Paris und London und mit nur minimaler Verspätung, weil er in London doch noch einen Tee trinken musste. Aber wir haben ja im Grunde alle Zeit der Welt und laufen deshalb am nächsten Tag auch nicht gleich aus. Lieber machen wir eine Zweirad-Landpartie. Albrecht hat wie immer sein Faltrad dabei, ich leihe mir eins aus. Bennet's Water Gardens sind unser erstes Ziel. Ehemalige Lehmgruben, die ein gewisser Herr Bennet in ein Seerosen-Träumchen verwandelt hat, inklusive Claude-Monet-Brücke. Leuchtende Farben trotz grauem Himmel. Zurück versuchen wir ein Stück auf dem Coast Path zu radeln, bis wir einsehen müssen, dass der wohl doch eher für Wanderer angelegt worden ist. Als wir wieder zurück zum Boot kommen, sind unsere holländischen Nachbarn weg. Sie wollten nach Lyme Regis, das hatten sie morgens erzählt, das liegt etwa 30 Meilen westwärts. Inzwischen hat es angefangen zu regnen. Der Wind bläst kräftig. Wir sind froh, jetzt nicht auch da draußen zu sein. Denn da sind ja auch noch die Portland Races, und die haben's in sich …

Noch zu Hause, bevor ich überhaupt losgefahren bin, habe ich im weltweiten Netz die Website *visitmyharbour.com* entdeckt. Die versorgt mich hier in britischen Gewässern mit allem, was ich an Informationen brauche. Jede Ansteuerung mit Gezeiteninfo, mit allen Telefonnummern und Funkkanälen der Hafenmeistereien – ausführlicher als jeder Harbour Guide, außerdem ständig aktualisiert und ergänzt durch Leserkommentare. Und noch dazu sehr unterhaltsam geschrieben. Immer mit einer wunderbaren Prise englischen Humors.

Die Portland Races also. Südlich der Isle of Portland (die eigentlich eine Halbinsel ist) mit ihrer südlichen Spitze, der Portland Bill, liegt ein Seegebiet, wo starke Tidenströme auf einen vollkommen unebenen Seegrund stoßen. Stellenweise beträgt die Tiefe 70 Meter, gleich daneben nur zehn. Dazu noch eine Untiefe namens Shambles Bank, wo es stellenweise unter fünf Meter tief ist. Was das bedeutet, kann man sich unschwer vorstellen. Shambles und Races eben, was nichts anderes bedeutet als: ganz übles Chaos. Jedenfalls wenn man zur Unzeit da reingerät. Und dazu gibt nun diese Website folgende Tipps, ich zitiere:

The notorious Portland Race is probably the most dangerous area in the Channel, and the whole area is best given a wide berth. Das berüchtigte Portland Race ist wahrscheinlich das gefährlichste Gebiet im Kanal, und um das ganze Gebiet sollte man am besten einen großen Bogen machen. – Das hatte ich sowieso vor. *Strong tides meeting an uneven bottom cause the seas to well up and break, and the effects of this conflagration can be felt up to 5 miles off Portland Bill. Small vessels need to be acutely aware that they can get drawn into this against their will if they approach too closely. The recommended offing is a minimum of 3 miles in calm conditions and around 10 miles if conditions are bad. Furthermore it is not advisable to try and cut between the race and the Shambles Bank, as the risk exists of either being drawn into the*

Am Hafen von Brixham hat jedes Haus einen Logenplatz. »Should I stay, or should I go«, fragt der Sänger der Pubrock-Band im *Seale Arms* in Dartmouth. Natürlich bleiben alle.

BUY FRESH FISH
FROM THIS BOAT
and Sell Boats
01803 854242
W-U-K
TH WEST UK MARINE
CRANCHI
STARFISHER
www.swukmarine.co.uk
M.79
B·M·76

race, or set on to the bank. High-powered craft may get away with this. There is an inshore passage very close in to the Bill, but this is fraught with danger. Firstly timing must be spot on, secondly there are numerous pot markers, gemeint sind Markierungsbojen für Hummerkörbe, *which may be forced underwater by the strength of the tide just waiting to foul your propeller. It is not proposed to describe this passage here. Treat this whole area with the respect it deserves and remember the saying: There are old Mariners and there are bold Mariners ... but there are no old bold mariners.* Behandeln Sie dieses ganze Gebiet mit dem Respekt, den es verdient, und erinnern Sie sich an das Sprichwort: Es gibt alte Seefahrer und es gibt kühne Seefahrer ... aber es gibt keine alten kühnen Seefahrer.

Diese Passage ganz dicht am Ufer entlang, die der Autor lieber gar nicht erst beschreiben will, beschreibt dafür ein Kommentator:

It's dangerous. As mentioned above it's probably the most hazardous bit of water in the Channel. But AS LONG AS YOU TIME IT CORRECTLY you can safely use the Inner Passage, within a cable or so of the Bill. Do the sums, then check them, then do them again. And if you're new to it ask the Harbourmaster as well. He'll be happy to help. Tradition has it that one should round the Bill near enough to toss a biscuit ashore, but I should say that's a touch too close. And keep well to seaward of the whole lot in a southerly wind.

So, so, rechnen, noch mal nachrechnen, und dann die Rechnung mit den Tipps vom Hafenmeister vergleichen, und dann so nah am Ufersaum entlangfahren, dass man einen Keks an Land werfen kann ... Und um diese Landspitze, the most dangerous area in the Channel, da müssen wir natürlich auch drumrum, unser nächstes Ziel ist Dartmouth. Aber wir werden gebührend Abstand halten, außerdem sind uns unsere Kekse zu schade, um sie an Land zu schmeißen. Schließlich wollen wir gern irgendwann mal zu den Old Mariners gehören.

Am Freitagmorgen scheint wieder die Sonne. Herrlich, endlich wieder raus auf See, ich kann's kaum erwarten, auch wenn es nur zwei Hafentage waren. Das Wasser ist glasklar, grün und durchsichtig, der Wind weht ablandig und noch nicht zu stark, sodass wir uns doch zwischen Land und Shambles durchtrauen. Dann aber lange weiter Kurs Süd und erst mit respektvollem Abstand zum Land die Wende. Mittags besuchen uns zum ersten Mal Delphine. Der Westwind nimmt stetig zu, wir müssen reffen. Erst eins, später sogar das zweite, und auch die Genua ist jetzt zu groß und muss etwas eingerollt werden. Ich ärgere mich, dass ich nicht morgens noch auf die kleine Fock getauscht habe. Dran gedacht hatte ich schon, aber eben nur dran gedacht. Tief taucht der Bug in die Wellen, hoch spritzt die Gischt. Albrecht sitzt die ganze Zeit, stundenlang, an der Pinne. Hoch konzentriert, um seine aufkommende Seekrankheit niederzukämpfen. Was ihm nur teilweise gelingt. Was uns hingegen gar nicht gelingt, ist den Zielhafen Dartmouth anzukreuzen. Irgendwann ist Schluss mit lustig, und wir laufen nach Brixham ab. 65 Meilen sind ja auch genug für heute. Albrecht verzichtet aufs Abendessen.

Der bunte Blister zieht uns zum River Yealm (o.). Hier ankert man, oder macht an einem freischwimmenden Ponton fest (u. l.). Die Moorings in der Einfahrt von Polperro (u. r.).

Hätten wir Brixham ausgelassen, hätten wir echt was verpasst. Bunt bemalte Häuser blicken von den Hügeln rund um den Hafen auf uns herab, wie von den Rängen eines Amphitheaters. Ein Vorgeschmack auf das, was uns erwartet, wenn wir weiter nach Devon und Cornwall vorankommen. Die Sonne lacht, in den Gassen wimmelt es von Touristen, die Anmutung ist beinahe mediterran.

Zum Frühstück war Albrechts Appetit noch nicht wiederhergestellt, aber der Duft aus den zahlreichen Cafés und Bäckereien wirkt heilend. Wir kaufen uns Pasties, gefüllte Teigtaschen, und suchen uns ein windschattiges Plätzchen in der Sonne. Die Pasty ist in dieser Gegend seit jeher die traditionelle Mittagsmahlzeit, ein Eintopf, den man ohne Besteck essen kann. Im 18. und 19. Jahrhundert blühte der Bergbau in der Region um Cornwall auf und es wurde viel Kupfer und Zinn abgebaut. Besonders in den Zinn-Minen war die Pasty nicht nur wegen ihres Geschmacks und ihres hohen Sättigungsfaktors eine beliebte Mahlzeit. Sie diente auch als präventive Maßnahme gegen Arsenvergiftung. Die Bergleute, die sich unter Tage ihre Hände nicht waschen konnten, hielten die Teigtaschen an der dicken Kruste, aßen die Füllung und warfen die kontaminierte Kruste anschließend weg.

Weil Dartmouth ja nur drei Ecken weiter liegt, lassen wir's heute ganz ruhig angehen. Erst nachdem wir unsere Nase in alle Ecken und Winkel gesteckt haben, setzen wir um 12.30 Uhr die Segel. Das zweite Reff von gestern ist noch drin, das ist gut so, und die Genua haben wir heute Morgen gegen die Fock ausgetauscht. Wir müssen wieder kreuzen, den Rest der Strecke, die wir uns für gestern vorgenommen hatten. Aber das sind am Ende, Wende für Wende, nur knapp 20 Meilen, dann haben wir unser Ziel vor Augen. Die Einfahrt in den River Dart ist pittoresk. Zuerst kommt Kingswear Castle in Sicht, gleich gegenüber die Burg Dartmouth. Zwischen den beiden konnte früher eine Kette gespannt werden, um die Orte gegen ungebetene Besuche französischer Kriegsschiffe zu schützen. Weiter geht die Fahrt, voraus sonnt sich der Ort Kingswear auf seinem Hügel. Dahinter die ersten Stege und Moorings, auch für Besucher. Ich würde aber gern auf der anderen Seite festmachen, vor den Häusern von Dartmouth. *The harbour is extremely attractive, well sheltered and easy to enter,* schreibt meine Lieblingswebsite, und wir sind ganz offensichtlich nicht die Einzigen, die das gelesen haben. Hoffentlich gibt's hier überhaupt einen Liegeplatz für uns. Überall, wo wir über Funk anfragen, werden wir abgewimmelt. Schließlich bekommen wir den Tipp, dass man ab 17.00 Uhr am Town Jetty festmachen darf, wo tagsüber die Ausflugsdampfer anlegen. First come, first serve. Punktgenau sind wir da. Albrecht hat inzwischen seinen Appetit wiedergefunden und kocht uns ein Risotto mit grünem Spargel. Dazu essen wir die Crab Pies, die wir heute Morgen noch beim Fischgroßhändler in Brixham gekauft haben. Bestens gestärkt machen wir uns auf und ziehen ein bisschen um die Häuser. Das endet im *Seale Arms* auf landesübliche Art mit ein paar Bieren und Live-Mucke. Saturday night, solider, zünftiger Pubrock: Cheers. Und über dem River Dart ist inzwischen der Mond aufgegangen, fast schon wieder rund und voll.

Morgens um neun müssen wir den Platz räumen, sonst gibt's Ärger mit den Ausflugsdampferkapitänen. Glücklicherweise werden an der Innenseite des Pontons Plätze frei, sodass wir nur kurz umparken müssen. Und Montag machen wir eine Flussfahrt. Mit der auflaufenden Flut schlängeln wir uns sechs Meilen den Dart hinauf. Oberhalb des Ortes thront recht gewaltig das Royal Naval College und blickt auf den Fluss hinunter. Hier gab es einst einen jungen Kadetten, der sich in eine englische Prinzessin verliebte, als die mit ihrem Vater, dem König, das College besuchte. Als die königliche Yacht Dartmouth verließ, soll er in einem Dingi noch meilenweit hinterhergerudert sein. Der junge Heißsporn hieß Philip, die Prinzessin hieß Elisabeth, und was die Geschichte sonst noch mit den beiden vorhatte, ist hinlänglich bekannt.

Zwischen den dicht bewaldeten Ufern kommt echtes Dschungelfeeling auf. Bei Sharpham Point sehen wir auf einmal einen Weinberg hinter den Bäumen – was es hier nicht alles gibt. Weiter geht die Fahrt für uns nicht, ab hier wird's zu flach. Abends gibt's ein großes Bohei am Ufer. Eine Horde mehr oder weniger betrunkener Jungs springt mehr oder weniger nackig mit Gejohle und Geschrei von der Kaimauer ins Wasser. Wir beobachten das Treiben belustigt und auch ein bisschen sorgenvoll, aber niemand springt dem anderen auf den Kopf, und irgendwann ziehen sie alle fröhlich von dannen.

Dienstag früh. An Bord hat sich mittlerweile eine gewisse Routine eingespielt. So beginnen die Tage: Ich werde wach, meistens als Erster. Schiebe leise das Luk auf und mache den ersten Wind- und Wettercheck. Schnappe mir Handtuch und Zahnbürste und mache mich auf ins Hygienecenter. Wenn ich frisch geduscht zurückkomme, ist Albrecht seinerseits dabei, seine Siebensachen zu packen und macht mir Platz, sodass ich in Ruhe unser Frühstück vorbereiten kann. Ich trinke schwarzen, er trinkt grünen Tee, so viel steht immer fest. Der Rest wird von Tag zu Tag variiert. Brot süß mit Honig und Marmelade oder Brot herzhaft mit Rührei, Schinken und Tomaten, plus Champignons, Lauchzwiebeln, etc., je nach dem, was die Kühlbox hergibt. Oder, so wie heute, ein Porridge mit Rosinen, getrockneten Aprikosen, Mandeln und Nüssen. Das ist nicht nur super lecker, sondern auch der beste Start in einen Tag auf dem Wasser, unsere Geheimwaffe gegen den Hunger zwischendurch. Und genau das brauchen wir heute, denn heute ist wieder ein Segeltag, und zwar ein ganz feiner!

Wolkenloser Himmel, Wind aus Ost, nicht zu viel, aber auch nicht zu wenig. Es ist so schön! Das große bunte Segel kommt endlich mal wieder aus dem Sack. Ich steige um ins Schlauchboot und lasse mich an langer Leine hinterherziehen, um Fotos zu machen. Fast fünf Stunden lang geht es so, ruhig, stetig und unaufhaltsam nach Newton Ferrers im River Yealm. Auch in dieser Flussmündung gibt es keine Hafenanlagen, so wie wir sie kennen. Man hat die Wahl zwischen Mooringbojen und diesen fest verankerten, aber frei schwimmenden Stegen ohne Landanbindung, den bereits schon mal erwähnten »Island Pontoons«. Etwas abseits vom Land liegt man in beiden Fällen, dafür wacht man in einem Postkartenidyll auf.

Beim Ablegen am nächsten Vormittag geht zum ersten Mal beinahe etwas schief. Gestern Abend sind wir mit dem auflaufenden Wasser reingekommen, haben gedreht und sind gegen die Strömung an den Steg gegangen. Wie man das eben so macht. Auslaufen wollen wir mit der Ebbe – wie man das eben so macht. Und jetzt ebbt es, jetzt kommt der Strom von hinten, aber ziemlich heftig. OBLOMOW zerrt an den Festmachern. Wenn wir einfach so die Leinen loswerfen, dann gibt es einen Auffahrunfall, dann schiebt's uns auf das Boot vor uns. Wir lassen die Heckleine fest und versuchen, den Bug rumzudrücken. Könnte knapp werden, wird es auch. Nur ein voller Rudereinschlag und ein sehr beherztes Vollgas verhindert Schlimmeres. Wahrscheinlich wäre rückwärts besser gewesen. Nächstes Mal.

Und dann sind wir in Cornwall! Genauer: in Polperro. Ein ehemaliges Schmugglernest, für mich das absolute Highlight der bisherigen Reise. Auf einer Urlaubsreise vor vielen Jahren bin ich schon einmal hier gewesen, ich kann mich lebhaft daran erinnern. Der Ort hat mich damals sofort

IT'S 5 O'CLOCK
SOMEWHERE
POLPERRO
WRECKERS

OLD
QUAY
HOUSE
HOTEL

bezaubert. Weiß getünchte Häuser um ein kleines Hafenbecken hinter einer gewaltigen Mole. Kleine Fischerboote, die bei Ebbe im Schlick liegen. Das Ganze in einer sehr schmalen Bucht mit scharfen Rockies über und unter Wasser, die nach Südosten offen ist. Schade, habe ich damals gedacht, leider wohl kaum möglich, hier mit dem Segelboot herzukommen. Gestern hatte ich noch mal alle Seekarten und Hafenführer, die mir zur Verfügung standen, zurate gezogen. Auf *visitmyharbour.com* wird Polperro schon mal gar nicht erst erwähnt. Aber einfach so vorbeifahren wollte ich nun auch nicht. Das Wetter war friedlich und sollte es auch bleiben. Mein Plan war, mal ranzufahren, einmal in die Bucht reinluschern, und dann weiter.

Schon beim Um-die-Ecke-Kommen sehen wir gelbe Mooringtonnen, sechs Stück. An einer davon hat die MINKA festgemacht. Die hatte in Dartmouth neben uns gelegen. Wir hatten mit dem Eignerpaar ein paar Worte gewechselt, nette Leute. Wenn die sich hier sicher fühlen, denke ich, dann ist das auch für uns gut. Der Skipper sitzt im Cockpit und sieht uns kommen. Steigt in sein Schlauchboot und paddelt uns entgegen, um uns beim Festmachen an der Boje zu helfen. Damit ist der Fall klar.

Hier wirklich mit dem Boot anzukommen, das hat mich echt geflasht (wenn ich das mal so sagen darf). Landgang, alles genau so, wie ich es erinnere. Und dann das Abendprogramm. Albrecht, immer besorgt um unser leibliches Wohl und deshalb bestens informiert, wenn es um feine Kulinarik geht, hat ein Restaurant ausfindig gemacht, das auch höheren Ansprüchen genügt. Während wir essen, sehen wir durch das Fenster Gruppen von Männern in schwarzen Polos, die geschlossen ein Pub entern. Wir nach dem Essen hinterher, und so erleben wir die »Polperro Wreckers«, den örtlichen Fishermen's Choir, live im *Ship Inn*. Der Mond ist aufgegangen, die goldnen Sternlein funkeln, als wir zurück an Bord kommen. Alles fast zu viel für einen einzigen Tag.

Morgens schwimmen wir erst mal eine Runde ums Boot, danach ist der Kopf wieder aufnahmebereit. Die Etappe heute sind nur acht Meilen, also kein Grund für einen Frühstart. Die Farben sind griechisch: blauer Himmel, weiße Häuser. Im Café bestellen wir Tee und Scones mit Clotted Cream, klären die Frage, was zuerst draufkommt, die Sahne oder die Erdbeermarmelade (die Marmelade!), und können uns fast gar nicht losreißen.

Fischen tut wahrscheinlich von denen keiner mehr, aber singen können sie: die Polperro Wreckers live im *Ship Inn*.

Vor der Kulisse von Fowey lockern bunte Jollen und apfelsinenfarbene Bojen das Bild auf.

Genau so habe ich mir das vorgestellt. Hier in Cornwall, wo England am schönsten ist, darf man auf keinen Fall hektisch werden. Es gibt so viel zu sehen. Von Hafen zu Hafen in ganz kleinen Schritten. Als Nächstes heute also Fowey. Das sind nur acht Meilen, und da macht es auch nichts, dass wir mangels Wind motoren müssen. An Berrill's Yard können wir mal wieder an einem Walk-Ashore-Pontoon anlegen. Abends bezieht sich der Himmel. Kein Wind, keine Sonne, auf einmal kippt unsere Stimmung ins Trübe. Wir fühlen uns plötzlich schlapp, irgendwie erschöpft. Seltsam, warum nur? Vielleicht liegt es daran, dass die Euphorie der letzten Tage nicht ewig halten kann. Irgendwann ist anscheinend auch der größte Vorrat an Glückshormonen aufgebraucht und sie müssen erst mal nachproduziert werden. Eine Mütze Schlaf wird hoffentlich helfen.

Am nächsten Morgen ist die Trübsal zwar nicht wie weggeblasen, einfach weil immer noch der Wind fehlt. Aber das Stimmungstief hat sich verzogen, und das ist die Hauptsache. Wir sind putzmunter, als wir beim Aufwachen Hähne krähen hören. Albrecht hat an Mevagissey ähnliche Erinnerungen wie ich an Polperro. Aber auch dieser Hafen ist nicht ohne. Die Moorings im großen Vorhafen sind zwar bei Westwinden gut geschützt, aber nach Osten ist die Einfahrt schutzlos offen. Nachmittags brennt die Sonne, und das Deck wird so heiß, dass ich barfuß nicht mehr drauftreten kann. Morgen soll das aber vorbei sein, und auch der Hafenmeister rät uns, nur diese eine Nacht zu bleiben. Ein veritables Sturmtief braut sich zusammen, Nordost ist angesagt. Nachts klopft die Boje an den Rumpf. Noch ist es windstill, kein Zug auf der Kette, aber ein aufkommender Schwell kündigt schon den Umschwung an und schaukelt uns ordentlich durch.

Deshalb waren wir heute Morgen auch schon ziemlich früh auf den Beinen. Eine glasige Sonne versuchte noch tapfer, die milchige Wolkendecke zu durchlöchern, aber wir konnten zusehen, wie sie matt und matter wurde, bis sie schließlich aufgab. Wir mussten hier schleunigst weg, bevor es ungemütlich wurde, next stop Falmouth. Mein Gefühl sagte mir, ruf da lieber vorher an, und mein Gefühl hatte recht. Ernüchternde Auskunft aller drei großen Marinas: Ausgebucht. Die dreitägigen Falmouth Classics mit Hunderten Teilnehmern und Zuschauern und zeitgleich ein Sea-Shanty-Festival – ausgerechnet an diesem Wochenende steppt hier der Bär. Einzig auf der anderen Flussseite, in Saint Mawes, waren noch ein paar Bojen frei. Wir verließen also Mevagissey schon vor dem Frühstück, machten ein paar Meilen unter Motor, dann fing es an zu blasen. Erst sachte, dann immer stärker. Als wir in den River Fal einbogen, wären im Grunde schon zwei Reffs angesagt gewesen. Aber das lohnte sich jetzt nicht mehr, es war nicht mehr weit. Eine kurze Zielkreuz noch, dann fanden wir nach einigem Suchen die zugewiesene Boje. Und nur Minuten später ging die Knatter richtig los.

Es ist spät geworden. Draußen ist Palermo, also mittleres Chaos: Böen bis Stärke 8 heulen durchs Rigg, Regen prasselt aufs Dach. Hier drinnen schaukelt die Petroleumlampe.

Cheerio und gute Nacht!
The Jolly Sailor

Polperro aus der Vogelperspektive.

Holy Mackerel Cafe
Doggys Deli
Cream Teas
HomeMade Pates
Hand Picked Cornish Crab
Beer, Cider, lager
wine
HomeMade Cakes
Pates to take hom
for Tea.....
Handcut Sandwiches.
our own Helford Cocktail

07

AHOY, LANDLUBBERS!

OLD GRIMSBY HARBOUR AM FREITAG, 1. JULI

DER 62. TAG

Saint Mawes am 19. Juni, Landgang. »Heute Nachmittag soll's wohl noch regnen«, sage ich zum Wassertaxi-Kapitän, den wir wegen des immer noch starken Windes gerufen haben. Ganz erstaunt guckt er mich an. »Of course«, sagt er, »we are in England!«

So ein Ausflug verlangt präzise Planung. Schnell mal eben zurück, weil man was vergessen hat, geht nicht. Unser Schlauchboot nehmen wir in Schlepp, damit wir abends aus eigener Kraft zurückkommen können. Mit Rückenwind sollte das wohl kein Problem sein. Handtücher und Duschsachen müssen mit, Einkaufsliste und Taschen, und für den Rückweg Badehosen. Es soll, wie gesagt, regnen, da haben wir uns gedacht, wenn wir nicht den ganzen Tag unser Ölzeug mitschleppen wollen, sind Badehosen vielleicht die beste Bekleidung. Nach einer heißen Dusche im Segelclub nehmen wir die Fähre nach Falmouth. Die Fahrt geht mitten durch die Abschiedsparade der Falmouth Classics. Viele schöne alte Boote, so schön, dass wir ihnen gern verzeihen, dass wir ihretwegen nirgends einen Liegeplatz bekamen.

Nachdem wir noch mehr schöne alte Boote und vieles, was dazugehört, im National Maritime Museum bestaunt haben, sitzen wir zum Lunch beim Inder direkt am Fenster. Was sich draußen vor unseren Augen abspielt, könnte auch ein Theaterstück sein. Horden wild kostümierter Piraten streunen durch die Straßen, rotten sich zu Pulks zusammen, bleiben manchmal einfach irgendwo stehen und fangen an zu singen. An jeder Ecke steht eine Bühne, und wenn nicht, singen die Seeräuber notfalls auch ebenerdig. Das klingt nicht überall schön, aber darauf kommt es gar nicht an. Der Spaß steht eindeutig im Vordergrund, und heute ist der letzte Tag des Festivals, da geben sie noch mal alles.

Homemade, handpicked, handcut – und alles wahrscheinlich auch *awardwinning*. Darunter geht hier eigentlich gar nichts. Meistens stimmt es aber.

Mit der letzten Fähre des Tages fahren wir zurück, pünktlich zum angekündigten Regeneinsatz. Erst mal ein Bier im Segelclub, immer das Fenster im Blick in der Hoffnung, dass es vielleicht bald aufhört. Nichts da. Vielleicht nach dem nächsten. Aber nein, doch nun wollen wir nach Hause. Deshalb verdrücken wir uns in einen Ladeneingang (der Laden hat geschlossen) und ziehen die mitgebrachten Badehosen an. Fügen uns in das Unvermeidliche und kommen ziemlich nass zu Hause an. Das war tatsächlich der erste Tag des bisherigen Törns ganz und gar ohne Sonne.

Am anderen Tag müssen wir wieder quasi nur um die Ecke in den Helford River. Der Sturm hat sich verausgabt, die Wolken haben sich größtenteils verzogen. Einen Hafen gibt's hier auch nicht, aber wir finden problemlos eine Gästeboje und rudern dann rüber nach Helford Passage auf einen Cappuccino im Ferryboat Inn. Von dort laufen wir zum Trebah Garden. Das ist einer der schönsten Parks in ganz Südengland, ein subtropischer Gartentraum, der sich ein ganzes langes Tal hinab bis zu einem kleinen Strand herunterzieht. Eigentlich hatten wir ja vor, direkt davor zu ankern und den Park von See her zu erobern, aber schnell war klar, dass solche Frechheiten hier nicht geduldet werden. NO LANDING, das Schild ist schon von Weitem gut zu erkennen.

Die andere Riverside wollen wir aber auch kennenlernen. Kurzes Workout an den Riemen, und schon sind wir drüben. Am Helford River Sailing Club, wärmstens empfohlen *(... extends a warm welcome to visiting yachtsmen. The facilities include bar, restaurant, showers, washing machine and tumble dryer...)* stehen wir vor verschlossenen Türen. Ohne Dusche mag ja angehen, aber eigentlich hatten wir vor, hier was zu essen und zu trinken. Zum Glück ist es nicht allzu weit bis zum *Shipwrights Arms.*

Mittsommer, der 21. Juni. Passend dazu Sonne pur, Strohhutwetter, Blistersegeln. Um 14.00 Uhr runden wir Lizard Point, den südlichsten Punkt Englands und damit auch meiner Reise. Von jetzt an geht's immer nordwärts.

Wir halten Kurs auf Penzance, als ich mir den Eintrag im *Reeds* noch mal genauer durchlese. Und zur Kenntnis nehmen muss, dass der dortige Hafen durch ein Fluttor abgeschottet ist, das nur jeweils zwei Stunden vor und eine Stunde nach Hochwasser geöffnet wird. Und wann sollen wir da ankommen? War ja klar ... Also kleine Kursänderung nach Backbord.

Newlyn liegt nur ein paar Meilen weiter südlich. Nur, was hatte uns der Wassertaxi-Skipper noch erzählt? Newlyn sei ein Working Harbour, hatte er gesagt, die größte Fischereiflotte Cornwalls sei dort zu Hause. Kein guter Platz für Segler, für Yachten wäre Penzance der viel idealere Hafen. Doch man sollte nicht alles glauben, was einem die Leute so erzählen. Das geschlossene Tor ist nämlich unser Glück! Wir haben uns Penzance am nächsten Morgen auf einem Spaziergang angesehen: ein trauriges Hafenbecken, in dem eine Handvoll Yachten längsseits an Fischkuttern vertäut im trüb-schlierigen Wasser vor sich hin dümpeln.

Hier dagegen: Schwimmstege voller kleiner und größerer Fischerboote, ein ständiges, buntes Treiben. Es gibt wirklich nur ein begrenztes Platzangebot für Lustboote, aber dann geht man eben ins Päckchen. Der Hafenmeister hat alles über Kameras im Blick und gibt seine Regieanweisungen über Funk. »Wenn ihr reinkommt, seht ihr backbord schon eine Segelyacht mit rotem Rumpf. Da ist niemand an Bord, da könnt ihr festmachen.« Zum Bezahlen der Hafengebühr besuchen wir ihn in seinem kleinen Büro. Erste Frage, wo sind denn die Facilities, Duschen, Toiletten? Die sollen eigentlich nagelneu sein und sich im Haus der RNLI, der Royal National Lifeboat Institution be-

Sonne satt am Strand von Helford Passage. Sonne ist auch gut fürs Bordnetz, und eine Preisliste hängt praktischerweise gleich an der Gästeboje. Günstig ist anders.

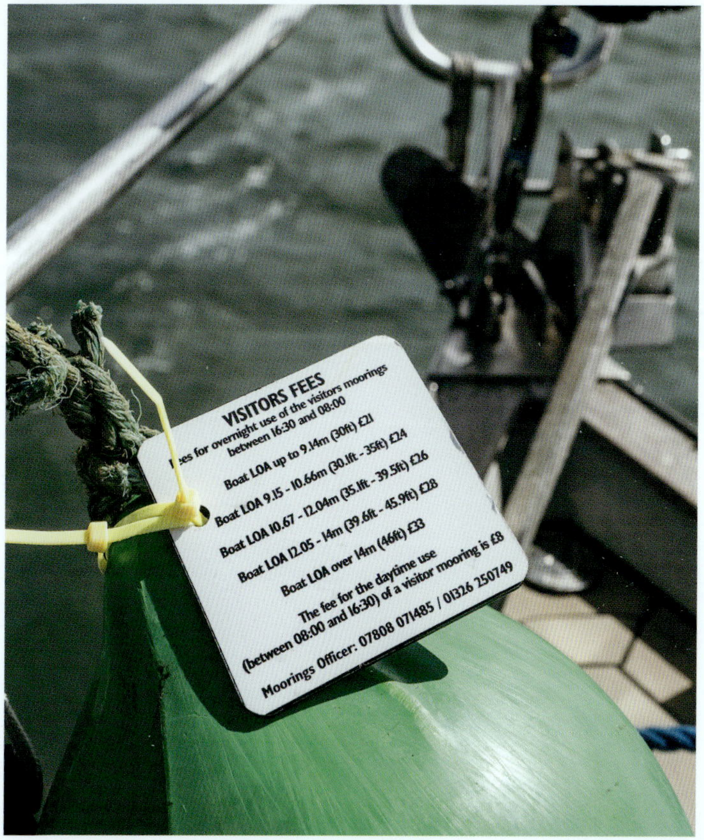
VISITORS FEES
ees for overnight use of the visitors moorings
between 16:30 and 08:00
Boat LOA up to 9.14m (30ft) £21
Boat LOA 9.15 - 10.66m (30.1ft - 35ft) £24
Boat LOA 10.67 - 12.04m (35.1ft - 39.5ft) £26
Boat LOA 12.05 - 14m (39.6ft - 45.9ft) £28
Boat LOA over 14m (46ft) £33
The fee for the daytime use
(between 08:00 and 16:30) of a visitor mooring is £8
Moorings Officer: 07808 071485 / 01326 250749

SKINNER'S
BREWERY
Cornwall
R
N
lifeboats

WH 324
WH 324

finden. Aber da sind alle Türen verschlossen. »Well«, sagt er, »leider hatten wir gestern einen Wasserrohrbruch, und jetzt warten wir auf den Klempner. Aber bis der kommt, das kann dauern …« Er empfiehlt uns stattdessen die öffentlichen Toiletten am Fischmarkt. Schauen wir uns die mal an. Der Betonboden steht zentimeterhoch unter Wasser, der Gestank ist überwältigend – eine einzige Zumutung. Also zurück ins Büro. »Na gut«, gibt er zu, »aber wir haben da noch eine kleine Extra-Facility, Dusche und Klo, direkt nebenan. Hier ist der Schlüssel. Aber gleich wiederbringen!« Und morgens? Übermorgen wollen wir früh starten, auf zu den Scillies. »Kein Problem«, lautet die beruhigende Antwort, »dieses Büro ist rund um die Uhr besetzt.«

Morgens, bevor es wieder zu heiß wird, ein kleiner Dauerlauf nach Mousehole. Ein entzückender kleiner Hafen, der allerdings komplett trockenfällt und deshalb leider für Kielyachten nicht geeignet ist. Dann sattelt Albrecht sein Brompton für einen kleinen Ausritt, während ich derweil OBLOMOW klar für die Scillies mache. Diesel, Wasser, Petroleum bunkern, bis alle Tanks gefüllt sind. Ich lerne Liz kennen, die nette Lady, die mit ihrem Mann am Steg gegenüber festgemacht hat. Sie spricht mich an, und noch bevor wir aufs Wetter kommen (in England bekanntlich nicht nur unter Seglern DAS Thema), sagt sie: »I'm so sorry!«, und fängt an, sich für ihre Regierung und den Brexit zu entschuldigen. Das wäre einzig und allein die Schuld der Alten, sagt sie, die hätten alle dafür gestimmt. Warum um alles in der Welt sind bloß die jungen Leute in so großer Zahl nicht wählen gegangen? Das hätte sie noch immer nicht verstanden. Sie sei ja auch nicht mehr die Jüngste, »you know«, aber eins hoffe sie inständig: Dass ihre Generation bald wegstirbt und die nächste Generation es schafft, die Dinge wieder ins Lot zu rücken. »It's such a shame!«

Gleich hinter dem Fischmarkt entdecken wir eine Chandlery, einen Schiffsausrüster. Was für manche Frauen Schuhgeschäfte, sind für mich diese Läden. Auch wenn ich konkret gar nichts brauche, gehe ich da gern rein. Irgendwas Interessantes entdeckt man doch immer. Und richtig, hier hängt das Ölzeug, nach dem ich schon gelegentlich gesucht habe. Wahrscheinlich liegt es an der Nähe zum Fischmarkt, die Profis wissen, was gut ist: Gelbe Jacken und Hosen, ungefüttertes PVC, verschweißte Nähte, das, was man früher Friesennerz nannte. Kriegt man heute nur noch selten, weil die modernen Klamotten ja viel, viel schicker sind. Atmungsaktiv und wasserdicht mit Wassersäulenzertifikat – alles Pipifax. Ich habe so was natürlich auch und trage das an Bord. Das war schön teuer, und ein bisschen Spritzwasser hält das auch aus. Aber wer mal ein paar Stunden im Dauerregen am Ruder gesessen hat, der wird feststellen, dass das Zeug sein Geld nicht wert ist. Hier aber bekomme ich sie nun, die wirklich wasserdichte Jacke, und auch der Preis ist heiß.

Abends kommt ein Fischer zu uns, eine Tüte in der Hand. »Gentlemen, do you cook on board?«, will er wissen, und dann schenkt er uns vier Krebsscheren. Hätte er sonst weggeworfen. Eine Kochanleitung gibt's noch dazu. Mit dem German Schwarzbrot, das wir in Penzance beim Lidl bekommen hatten, eine Delikatesse!

5.00 Uhr morgens am Donnerstag. Ich laufe zum Hafenbüro und will den Schlüssel für die Dusche holen. Beim Näherkommen sehe ich, wie der Mann gerade die Tür abschließt. Von außen. »Hallo,

Am letzten Tag des Seashanty-Festivals in Falmouth geben alle nochmal alles, auch das Publikum. Aufrecht auch bei Ebbe: Ein Fischerboot mit Stelzen im Hafen von Mevagissey.

was ist los, haben Sie nicht gesagt, das Büro wäre 24 Stunden geöffnet?« Die Antwort bleibt er mir schuldig, grummelt nur irgendwas in seinen Bart. Aber er geht noch mal rein und holt den Schlüssel. »Könnt ihr nachher durch den Briefschlitz schmeißen.« Setzt sich ohne ein weiteres Wort in sein Auto und verschwindet.

Wolkenlos und windstill ist es, als wir uns zwei Stunden später frisch geduscht aus dem Hafen schleichen. Schon eine Dreiviertelstunde danach ist der Wind aber da. Wir passieren die Untiefe Runnel Stone mit ausgebaumter Genua und dann spüren wir zum ersten Mal den Atlantikpuls. Wir segeln direkt vor dem Wind, eine lange Dünung rollt gleichmäßig unter unserem Kiel durch, hebt und senkt sich in regelmäßigem Rhythmus. Wie Einatmen und Ausatmen. Über uns kreisen Basstölpel, Sturmtaucher schießen durch die Wellentäler, und, als ob das nicht schon genug wäre, kommen auch noch ein paar Delphine vorbei. Einfach nur: großartig!

So laufen wir nachmittags entspannt in St. Mary's Pool ein, der Bucht von Hugh Town, dem größten Ort auf der größten der Scilly-Inseln. Suchen uns eine freie Boje und machen uns dann mit dem Dingi Richtung Mole auf. Beim Näherpaddeln fällt uns ein Fischer auf, der auf seinem Kutter seinen Fang sortiert. Wir pullen längsseits und fragen frech, ob er uns nicht einen Fisch verkaufen könne. Kann er leider nicht, sorry, denn alles, was er hat, sind – Hummer und Crabs. Ups, lebendige Hummer? Wie sollen wir denn damit fertigwerden? Trotzdem, nur so aus Interesse, fragen wir ihn nach dem Preis, und als wir den hören, gibt es für Albrecht kein Halten mehr. Zwei Hummer für einen Preis, für den man im Restaurant nicht mal einen halben kriegt! Leider hat der gute Mann kein Wechselgeld, dafür aber eine Idee: »No problem! Ich gebe euch stattdessen noch zwei schöne, dicke Krebse obendrauf.« Nun ist guter Rat teuer, teurer als die vier Schalentiere zusammen: Wie sollen wir's anstellen, die Viecher »human« vom Leben in den Tod zu befördern? »Einfach in einen Topf mit kaltem Wasser legen und aufs Feuer stellen, dann schlafen sie langsam ein«, empfiehlt der Fischer, so würde er das immer machen. Aber das finden wir ja nun total gruselig. Auch die Variante, die Tiere kopfüber in siedendes Wasser zu stecken gefällt uns gar nicht. Apropos Topf, da haben wir das nächste Problem. So einen großen haben wir natürlich nicht an Bord. Also erst mal in Ruhe nachdenken, und bei einem Bier im *Mermaid Inn* kommen wir recht schnell auf die Lösung. Die Kellnerin, der wir unser Problem schildern, versteht sofort, verschwindet in der Küche und kommt mit dem perfekten Topf wieder raus. Genau die richtige Größe.

Die gepanzerten Gesellen krabbeln immer noch auf dem Cockpitboden herum, derweil wir in mörderischer Absicht das Internet durchforsten. Schließlich finden wir den entscheidenden Hinweis. Das bedeutet allerdings, dass Doktor Albrecht sein schärfstes Messer an der richtigen Stelle auf dem Rücken des armen Tieres ansetzen muss – UUhhhhh … Am Ende sind die Hummer nicht nur tot, sondern auch schön rot (lieber rot als tot war keine Alternative), und werden unter Zuhilfenahme des Bordwerkzeugs fachmännisch geknackt, mit frischem Brot und Mayonnaise verspeist und mit Grauem Burgunder runtergespült. Damit haben wir die Eiweißration einer ganzen Woche auf einmal intus. Aber so lecker!

Die Nacht an der Boje wird ziemlich ungemütlich. Wind und Schwell können sich nicht auf eine gemeinsame Richtung einigen, deshalb wissen die Boote auch nicht, in welche Richtung sie den

Der Hafen von Newlyn, im Hintergrund die Häuser von Penzance. Der Hummerfischer mit den lebenden Tieren und unser fertiges Abendessen.

Folgende Doppelseite: Wind, Wolken, Regenschauer und seitlicher Schwell: Eine unruhige Nacht kündigt sich an.

PZ1001
PZ532

TUESDAY GIRL
Tuesday Girl

J
109

The Mermaid Inn!
H.M.S.

Bug drehen sollen. Morgens brauchen wir unsere ganze Kraft, um gegen den Wind an Land zu rudern. Nur um dort sofort ins Trockene zu flüchten und den Regen außen an den Scheiben des Cafés runterlaufen zu sehen. Der Regen lässt später nach, der Wind aber nicht. Unsere Rückfahrt mit Rückenwind wird deshalb rasant. Wir müssen aber höllisch aufpassen, dass wir nicht an OBLOMOW vorbeigeblasen werden. Einer französischen Crew passiert genau das. Sie kriegen ihr Boot nicht zu fassen, werden drüben auf den Strand getrieben, und dann sehen wir, wie sie ihr Schlauchboot einmal um die ganze Bucht schleppen müssen, um es noch mal zu versuchen. Abends pult Albrecht die Krebse, die wir gestern mitgekocht haben. Zwei Stunden braucht er dafür! Nun ist uns klar, warum Crab-Sandwiches hier so irre teuer sind.

Nach einer weiteren Nacht in der Schiffsschaukel steigen wir nach dem Frühstück auf eins der Ausflugsschiffe, das uns rüber zur Nachbarinsel bringt. Das ganze Scilly-Archipel ist ja insgesamt schon paradiesisch, aber Tresco ist definitiv das Sahnehäubchen, der Garten Eden. Das Wetter will sich auch wieder mit uns vertragen, Sonne und Wolken im steten Wechsel, nur ab und zu noch eine kleine Husche – weiter so. Die Attraktion auf Tresco ist, ganz klar, der Abbey Garden. Dieser Park, im 19. Jahrhundert ursprünglich als privater Garten vom damaligen Eigentümer der Insel, Augustus Smith, angelegt, beherbergt heute circa 4.000 verschiedene Arten tropischer und subtropischer Bäume und Pflanzen aus 80 verschiedenen Ländern. Den Grundstock legte Herr Smith mit Samen und Setzlingen, die ihm Seeleute von ihren Reisen über alle Weltmeere mitbrachten: aus Brasilien und Neuseeland, aus Burma und Südafrika. Der Golfstrom und die Lage des Abbey Gardens auf der sonnigen Südseite Trescos lassen hier Sukkulenten, hoch aufragende Palmen und riesige, lippenstiftrote Flammenbäume wachsen und gedeihen, wie anderswo nur in Gewächshäusern.

Nicht mal eine halbe Stunde dauert es zu Fuß auf die andere, die östliche Inselseite. Wir haben Zeit bis zur Abfahrt des kleinen Dampfers und machen uns auf den Weg. Dort drüben lockt eine Mittagsmahlzeit im *Ruin Beach Café*. Und so entdecken wir Old Grimsby Harbour, eine Bucht mit türkisem Wasser und einem blendend weißen Strand. Hier müssen wir hin, vor diesem Strand den Anker werfen! Wir wollen ja auf jeden Fall noch ein paar Tage bleiben, denn wer weiß, ob wir jemals wieder herkommen. Ohne eigenes Boot ist eine Reise zu den Scillies äußerst kompliziert. Die Unterkünfte sind auf Jahre ausgebucht, und selbst wenn man Glück hat und ein Quartier findet, zahlt man dafür Preise, die einen schwindelig werden lassen.

Welcome to paradise: Lippenstiftroter Flammenbaum im Abbey Garden auf Tresco, auch eine kleine Ausstellung von Galionsfiguren gehört dazu. *The Mermaid Inn* ist eine legendäre Kneipe am Hafen von Hugh Town.

Auch die Nacht zum Sonntag ist alles andere als angenehm, und der Wind soll weiter zunehmen. Ja, mehr noch: Ein ausgewachsener Sturm ist im Anmarsch. Bevor der uns erwischt und wir hier vielleicht nicht mehr wegkommen, verabschieden wir uns Montagmittag aus St. Mary's Pool und fahren über die grüne Wiese rüber nach Tresco. Wieder einmal schaukeln wir über ein Gebiet, das bei Ebbe völlig trockenfällt, bis zu einem Meter über Kartennull. Aber es ist Hochwasser, und außerdem haben wir ja gestern genau aufgepasst, wo das Ausflugsboot mit uns langgefahren ist. Trotzdem, es bleibt ein komisches Gefühl, auch wenn das Echolot permanent sichere drei Meter unterm Kiel anzeigt. Die Genua zieht uns an New Grimsby Harbour vorbei und durch das Bojenfeld davor, vor der Nordspitze der Insel mit den gefährlichen Klippen fahren wir eine Halse und lassen um kurz nach fünf vor dem weißen Strand den Anker fallen.

Und dann kommt der Sturm, mit Böen bis 37 Knoten. Ich habe rechtzeitig unseren zweiten Anker ausgelegt, steige aber trotzdem sicherheitshalber mit Klamotten in die Koje. Um 4.00 Uhr morgens sitze ich im Cockpit. Das Motorboot neben uns schwoit völlig anders als wir und kommt uns (oder wir kommen ihm) gelegentlich ziemlich nahe. Aber der Abstand bleibt immer ausreichend. Der Ankeralarm, auf 20 Meter eingestellt, bleibt still, und schließlich lege ich mich wieder hin. Beim Aufstehen knattert es immer noch mächtig. Der Motorbootmann steht schon an Deck und scheint recht aufgeregt zu sein. »You got to move your boat!«, schreit er, »you are coming too close«. Allerdings liegen wir in Lee von ihm, selbst wenn unsere Anker slippen sollten, müsste er mir mal erklären, wie wir's geschafft haben sollten, luvwärts auf ihn zuzudriften. Und außerdem, bei Windstärke 8 nehme ich doch nicht den Anker hoch, wenn nicht wirklich ein ernsthafter Notfall droht. Der Nachbar wird sich schon wieder beruhigen, genau wie das Wetter auch.

Der Vormittag bleibt verregnet und ungemütlich. Zeit, mal ein Brot zu backen. In meinem Camping-Backofen, einer Art Kuchenform mit Deckel, den ich nur auf die Herdflamme stellen muss, gelingt das hervorragend. Erst am Nachmittag klart es auf, und um 3.00 Uhr lockt die Sonne zu einem Spaziergang durch den kleinen Ort. Alles ganz schön schick hier, ganz offensichtlich alles Ferienwohnungen. Tresco gehört, wie die anderen Scillies auch, zum Herzogtum Cornwall, und der Duke of Cornwall ist immer der Thronfolger. Das Dukedom ist als einziger britischer Adelstitel noch bis heute mit einem territorialen Grundbesitz verbunden, mit anderen Worten, Tresco gehört, Stand Sommer 2022, zum Privateigentum von Prinz Charles. Von ihm hat ein Familienunternehmen die komplette Insel auf 99 Jahre gepachtet. Alle Unterkünfte, das Pub, die Cafés, alles gehört zur selben Firma. Zwei- bis dreihundert Saisonkräfte sorgen dafür, dass alles reibungslos abläuft. Der Hammer ist der Inselladen: mehr Delikatessengeschäft als Supermarkt. Zwischen den Regalreihen kommen wir aus dem Staunen gar nicht mehr heraus. Wirklich nichts, was es hier nicht gibt.

Ganz anders direkt gegenüber die Insel Bryher, die wir mit der Fähre besuchen. Hier leben echte Menschen auf echten Bauernhöfen, auf den Weiden grast echtes Vieh. Hinter den Häusern stapeln sich schon mal Schrott, alte Boote, rostige Trecker. Die Küste ist felsig und rau und sieht gefährlich aus, wenn die anrollenden Brecher ihre Gischtfontänen in die Luft jagen. Echtes Leben eben.

Von Tag zu Tag verschieben wir unsere Abreise. Die Wetteraussichten sind noch nicht so, dass wir große Lust haben, 130 Meilen nonstop über den gefürchteten Bristol Channel zu segeln. Es ist und bleibt sehr windig. Auch für Donnerstag und Freitag ist noch keine Änderung in Sicht. Aber wir empfinden das als glückliche Fügung, denn auf diese Weise wird uns die Antwort auf die Frage, wie lange wir noch bleiben wollen, ganz elegant abgenommen. Auch wenn der Wind in den Wanten jault – die Sonne scheint. Jeden Morgen beim Aufwachen denke ich: Another day in paradise. Und Albrecht sagt, er könne hier sowieso nicht weg, bevor er nicht alles gesehen habe.

Heute sattelt er sein Brompton, nimmt die Fähre wieder rüber nach Hugh Town, St. Mary's, um einmal komplett die ganze Insel zu umrunden. Ich mache mich derweil daran, OBLOMOW den Bauch zu putzen. Strahlend weiß (soweit das bei einem Boot dieses Alters möglich ist) war der, als wir vor zwei Monaten gestartet sind, und jetzt changiert die Farbe stellenweise ins Löwenzahn-

OBLOMOW unter Palmen am Ankerplatz vor der Ruine in Old Grimsby Harbour und der Anleger für den Inselhüpfer auf Bryher. Sobald das Bötchen in Sicht kommt, stehen sie brav Schlange, die Engländer.

Oblomow

gelbe. Eigentlich ging das schon nach den ersten paar Tagen los, nämlich nachdem wir aus dem braun-trüben Elbewasser raus waren. Was aber noch schlimmer ist: Der Rumpf sieht inzwischen stellenweise aus wie ein Zebrafell. Das alte Schlauchboot, das ich mir für diesen Törn ausgeliehen habe, markiert mit seiner Scheuerleiste jede Berührung mit einem schwarzen Strich. Wenn es mir gehören würde, hätte ich's schon lange entsorgt. Wie viel Zeit allein schon dabei draufgegangen ist, herauszufinden, wie man diesem Problem zu Leibe rücken könnte. Letzten Endes haben wir in Dartmouth ein superdickes (und ziemlich teures) Spezialtape gekauft und damit alle schwarzen Teile abgeklebt. So geht's jetzt. Es kommen keine neuen Striche mehr dazu, aber die alten sind noch dran. Ich mische mir also die entsprechenden Bootsreiniger zusammen und schrubbe rundherum alles wieder sauber.

Als Albrecht zurückkommt, hält er stolz ein Stück Stoff hoch: eine Flagge der Scilly-Inseln! Wir sind natürlich korrekt beflaggt mit der Red Ensign unter der Saling. Aber hübscher hätten wir's gefunden, die (inoffizielle) Inselflagge wehen zu lassen. Nur – die war nicht zu kriegen, nirgends! Wo wir auch fragten, immer hieß es: »Sorry, ausverkauft.« Oder: »Ja, stimmt, wir müssten mal welche nachbestellen.« Nur die blau-gelbe Ukraine-Flagge, die gab es an jeder Ecke. Doch nun hat Albrecht tatsächlich irgendwo eine aufgetrieben. Ein wenig größer als Gastlandflaggen gewöhnlich sind, flattert sie über unseren Köpfen. Auch wenn's vermutlich nur noch für einen Tag ist.

Denn mittlerweile beruhigt sich das Wetter. Ich laufe rauf zur Nordspitze der Insel. Auf den Hügeln blüht stellenweise schon die Heide. Vom höchsten Punkt reicht der Blick bis zum Horizont. Jedes Mal wieder ein Anblick, der mich überwältigt: Wie blau kann das Meer sein! Aber einmal muss es doch vorbei sein. Morgen gegen Mittag werden wir, wenn sich nichts mehr ändert, die Anker lichten und nach Milford Haven segeln. Das wird eine Nachtetappe, für Albrecht eine Premiere.

Und jetzt mache ich Schluss für heute. Eben kommt nämlich der nette Kellner hier im *Ruin Beach Café* zu mir an den Tisch, grinst keck und sagt: »It's Pint o'Clock. Sir«.

Na dann, cheerio!
The Jolly Sailor

Am letzten Tag auf den Scillies weht sie dann doch bei uns unter der Saling, die inseleigene Flagge. Und endlich ist auch der Rumpf wieder streifenfrei und frisch geputzt.

08

AHOY, LANDLUBBERS!

PORT OF DUBLIN AM SONNTAG, 17. JULI

DER 78. TAG

Erst wenn das letzte Glas Guinness geleert ist, wenn man wirklich alle Pubs von Dublin kennengelernt hat, erst dann darf man eigentlich weiterreisen. Aber weil das natürlich technisch und gesundheitlich ganz und gar unmöglich ist, bleibt einem nichts anderes übrig, als irgendwann aufzugeben und die Segel zu streichen. Für Albrecht war es heute früh so weit. Da hat er seine Rolltasche hinters Brompton geschnallt, die schnelle Fähre nach Holyhead genommen, und hat inzwischen schon wieder britischen Boden unter den Füßen. Dafür ist Frank im Anflug. Heute Nachmittag wird er hier sein. Mit ihm zusammen kann ich ja versuchen, noch ein, zwei Tage weiter am oben beschriebenen Programm zu arbeiten.

In der Zwischenzeit blicke ich mal zwei Wochen zurück. Der Aufbruch von den Scillies hatte sich ja wetterbedingt ein paarmal verschoben. Auch die letzte Nacht war wieder stürmisch und nass gewesen, aber dann sollte es kontinuierlich besser werden. Weil wir in Milford Haven bei Tageslicht ankommen wollten, zogen wir unsere Anker erst Sonnabendmittag aus dem sandigen Grund. Kaum waren wir aus dem Schutz der Inseln raus, empfingen uns konfuse Wellen. Der Wind war recht kräftig, die kleine Fock genau richtig, später wurde ein Reff im Groß nötig. Eine dunkle Schauerbö kam direkt auf uns zu, aber wir waren schneller, und bevor sie uns erwischte, hatten wir schon das zweite Reff im Groß. Albrecht steuerte, während ich am Mast zugange war. Leider ohne Ölzeug. Als die erste Welle über den Bug kam, war ich nass. Nach der zweiten war ich komplett geduscht. Ganz blöder Anfängerfehler.

Das 3-Stunden-Wachsystem hat sich bewährt, deshalb praktizieren wir das auch heute wieder. Die erste Abendwache machen wir allerdings noch gemeinsam, weil 21.00 Uhr erstens noch keine Zeit für die Koje ist und weil Albrecht, zweitens, viel zu aufgeregt ist vor seiner ersten Nachtfahrt. Weil der Wind, der anfangs aus Nordwest kommt, später nach rechts drehen soll, ziehen wir die Schoten stramm und halten auf Steuerbordbug so hoch wie es geht, also circa 350 Grad. Gegen Mitternacht dreht er tatsächlich, bleibt aber mit Stärke 5 recht blasig. Wir drehen mit, genau so hatten wir's geplant, und haben auf diese Weise unser Ziel direkt voraus, ohne eine einzige Wende

Wilde Wasserwirbel in der Hafenschleuse der Milford Marina.

fahren zu müssen. So geht es durch die Nacht, mit ordentlich Schaum vorm Bug, was allerdings nicht unbedingt immer gleichbedeutend ist mit viel Fahrt über Grund. Mal ist der Strom mit uns, mal gegen uns. Am Sonntagnachmittag um 3.00 Uhr werden wir, Salz in den Haaren, Salz überall, ins Hafenbecken der Milford Marina geschleust.

Morgens Full Breakfast im *Crow's Nest*, als uns ein Mann über mehrere Tische hinweg anspricht. »Visiting sailors?« So lernen wir Kevin kennen, einen Local Guy, einen Einheimischen, der sich hier bestens auskennt. Er lässt sich unsere weitere Route erklären und redet uns erst mal die Idee aus, die walisische Küste und die Cardigan Bay weiter hochzufahren, um von da aus nach Irland rüberzumachen. »Das ist ganz schwieriges Gelände«, erklärt er. Denn es gibt in der ganzen Cardigan Bay nur einen einzigen Hafen, der nicht komplett trockenfällt, Aberystwyth. Genau den hatte ich auf dem Zettel – schon allein des hübschen Namens wegen. Aber auf den 70 Meilen bis dahin gibt es nur mehr oder weniger ungeschützte Ankerbuchten. Wenn er oder seine Kumpels nach Irland wollten, erzählt er, dann würden sie immer möglichst auf direktem Kurs rüber und an die Küste südlich von Dublin segeln. Also da wären wir ja schön doof, wenn wir versuchen wollten, schlauer zu sein als die Locals, und legen uns gleich mal die Karte von Südirland auf den Navigationstisch.

Am nächsten Schlengel liegt ein sehr auffälliges Schiff. Ein ausgemustertes Royal Lifeboat, Baujahr 1957, nun offensichtlich privat genutzt. Neugierig gehen wir näher ran und treffen Mike, den Eigner, der uns sofort zu einer Schiffsbesichtigung einlädt. Auch er ein Unikum, ehemaliger Navyman. Abgesehen von allen Einzelheiten zum Schiff, die er uns zeigen und erklären muss, haben wir zwei wichtige Fragen. Kennt er ein probates Mittel gegen Seekrankheit? Albrecht hat noch immer zu kämpfen. Die Antwort kommt ohne zu zögern: »Tomatensandwich!« Ups, das ist ja mal ganz was Neues. Absolut wirksam wäre das, und bei der Navy gang und gäbe, jedenfalls war es das zu seiner Zeit. Wir werden das ausprobieren. Und zweite Frage, kennt er einen guten Zahnarzt hier in Milford? Inzwischen kann ich nämlich den Schmerz im Unterkiefer nicht mehr länger ignorieren. Trotzdem wird es ein lustiger Abend an Bord. Albrecht kocht (wie immer lecker), und dann sitzen wir bis lange nach Mitternacht am Tisch und schieben das Handy hin und her. Jeder darf sich abwechselnd ein Musikstück aus dem schier unerschöpflichen Spotify-Angebot aussuchen, immer jeweils einen Song. Das macht Spaß, gegen Ende wird es allerdings ziemlich Dylan-lastig.

Dienstag macht der Zahnarzt ein Röntgenbild von der entzündeten Wurzel unter einer Krone, traut sich dann aber nicht, den Bohrer anzusetzen. Ich muss also versuchen, das Problem mit Antibiotika und Schmerztabletten in den Griff zu kriegen. Zum Glück habe ich ja mit Doc Albrecht einen Schiffsarzt an Bord.

Inzwischen steht unser Plan, die Cardigan Bay auszulassen und stattdessen von hier aus direkt nach Irland zu segeln. Kevin, dem wir das erzählt haben, steht mittags auf einmal an der Reling, ein Blatt Papier in der Hand. »Ich hab euch hier noch mal die Strömungskarten ausgedruckt«, sagt er. »Da draußen liegen ja ein paar Kaps mit Inseln davor, da ist es nicht schlecht, zu wissen, wie die Tide läuft.« Und auch diesen guten Rat gibt er uns mit. »Wenn ihr morgen früh bei Niedrigwasser

Albrecht und Mike fachsimpeln im Maschinenraum des alten Rettungskreuzers. Rasant schießen wir durch die kochende See des Ramsey Sound. Bis auf 10 Knoten werden wir beschleunigt!

Folgende Doppelseite: Wie getuscht leuchtet der Abendhimmel über Arklow.

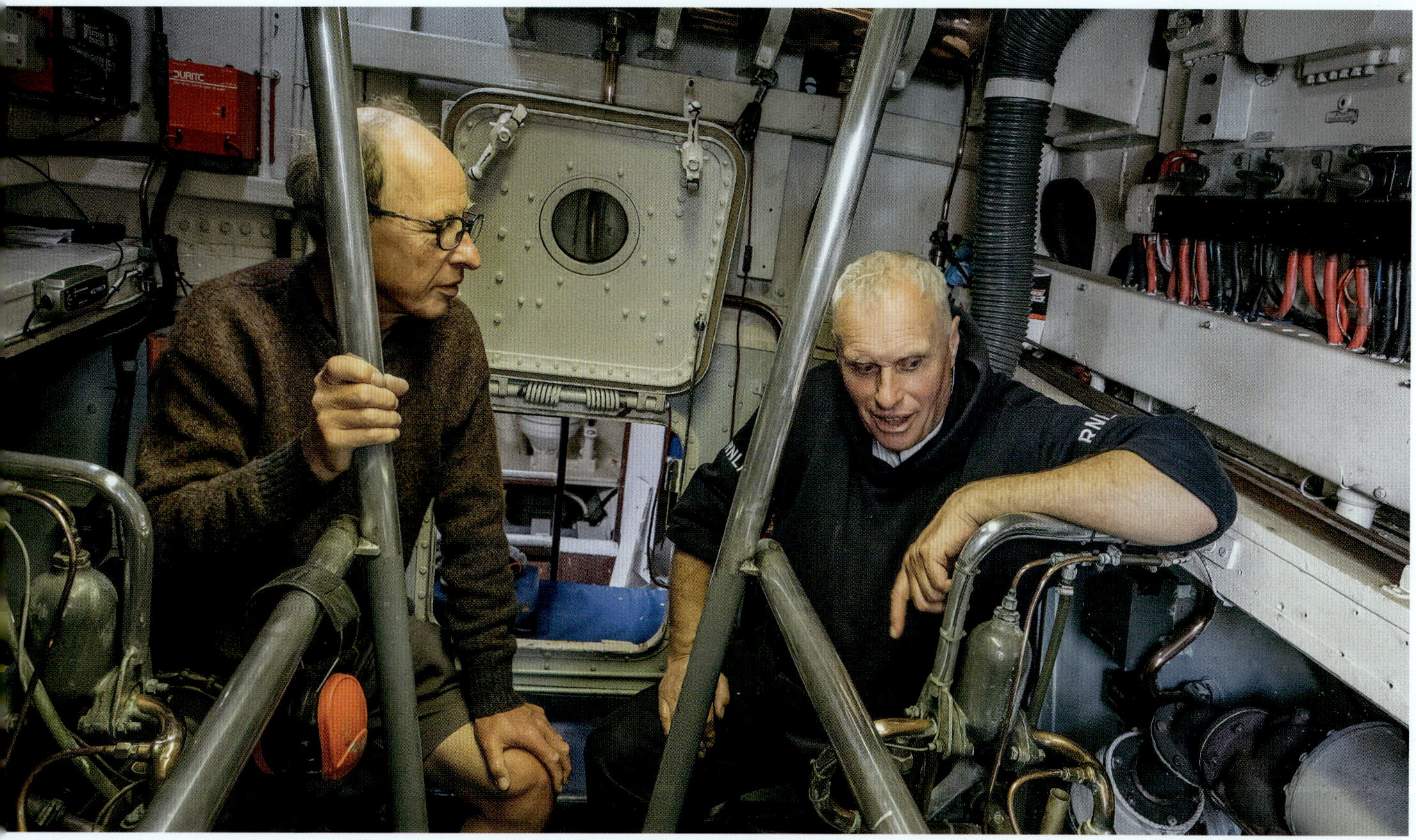

rauswollt, und das solltet ihr – warum fahrt ihr dann nicht schon heute Abend raus und ankert in der Castlebeach Bay? Das sind ungefähr fünf Meilen, mit anderen Worten eine Stunde, die ihr morgen früh gespart habt. Und die Schleuse habt ihr dann auch schon hinter euch.« Genau so machen wir's. Am Abend bei Hochwasser stehen die Schleusentore offen. Wir können so durchfahren, und um zwanzig nach zehn fällt der Anker in der Castlebeach Bay.

5.30 Uhr, Ebbe. Der Morgen ist mattgrau, der Himmel teilweise bedeckt, der Wind kommt schwach aus West. Die ersten zwei Stunden brummt der Diesel, bis wir Skomer Head querab haben und auf Nordkurs gehen können. Das Boot gleitet ruhig dahin. Albrecht sitzt wie immer an der Pinne. Zeit für mich, ein paar Tomatenbrote zu präparieren. Wir wollen nichts unversucht lassen. Anderthalb Stunden später kommt Ramsey Island in Sicht. Was hatte Kevin noch gleich gesagt? Man kann da wohl schon durchfahren, zwischen diesen Inseln und dem Festland. Aber nicht, wenn man zur falschen Zeit kommt, dann kann das kritisch werden. Logisch, denn wenn der Strom von vorn kommt, hat man keine Chance, dann fährt man rückwärts. Und wenn's ganz blöd kommt, dann bilden sich Strudel, die ein kleines Boot wie unseres auf die Felsen drücken können. Wir gucken noch mal in die Karte. Stimmt, da sind komische Strömungspfeile eingezeichnet, die sich zu Kreisen ergänzen. Dann gucken wir auf die Uhr. Jetzt ist es 9.00 Uhr, immer noch schiebt die Tide, und das nicht zu knapp. Ein letztes Mal überlegen wir, dann richten wir den Bug auf die schmale Durchfahrt, den Ramsey Sound. Gebannt starren wir abwechselnd auf die Logge und auf das Wasser um uns herum. Die Zahlen auf dem Display klettern stetig weiter nach oben, schließlich rauschen wir mit 10 Knoten zwischen schäumenden Wasserwirbeln hindurch. Um uns herum gelbe Fischerbojen, die teilweise unter die Oberfläche gezogen werden, links und rechts garstige Felsen. Das Ruder ruckt, die Pinne wackelt wie ein Lämmerschwanz, aber OBLOMOW hält Kurs. Und wie aus der Taille einer Sanduhr werden wir am anderen Ende des Sundes wieder ausgespuckt. Das Kabbelwasser beruhigt sich, die Geschwindigkeit geht zurück auf normal. Ui-jui-jui, das war schon ziemlich aufregend.

Ob es nun tatsächlich die Tomaten waren, in dünne Scheiben geschnitten und leicht gesalzen auf labbrigem englischem Toastbrot, oder ob Albrecht mittlerweile eingeschaukelt ist und sein Magen die Fahrt auch so gut überstanden hätte, wir wissen es nicht. Tatsache ist jedenfalls, dass das Kapitel Seekrankheit überwunden zu sein scheint. Der Appetit immerhin ist groß, als es Zeit fürs Abendessen wird. Risotto mit Möhren und grünem Spargel. Irgendwann gucke ich vom Teller hoch in den Mast. Die irische Trikolore flattert schon unter der Saling, und da fällt mir auf, dass unser Risotto genau die gleichen Farben hat: Weiß, Orange und Grün.

Als wir noch rund 12 Meilen vom Land entfernt sind, erlebe ich eine kleine olfaktorische Sensation. Noch kein Land in Sicht, aber in der Nase. Der Westwind trägt den Geruch von feuchter Erde und grünen Wiesen herüber! Leider lässt er aber auch stark nach. Mit einer Flaute direkt von vorn bleibt uns nichts anderes übrig, als den Motor anzuschmeißen. Der Abendhimmel sieht toll aus, Farben wie aus dem Tuschkasten, aber die Helligkeit lässt von Minute zu Minute nach. So wird das nichts mit einer Ankunft bei Tageslicht. Endlich, um halb zwei Uhr morgens, tasten wir uns mit dem Handscheinwerfer an meterhohen Molen entlang in die Mündung des Avoca Rivers und machen am Besucher-Ponton von Arklow fest.

Pat »the Painter« Davis am Werk in Wicklow, und Albrecht in Gelb. Die neue Jacke hält dicht.

Um 8.00 Uhr sind wir wieder an Deck. Die Sommersonne macht uns munter, und wir frühstücken im Cockpit. Dann laufen wir durchs Städtchen, mit Van Morrison im Ohr: »And as we walked through the streets of Arklow …« Auf der anderen Flussseite, direkt gegenüber unseres Liegeplatzes, entdecken wir eine Gedenktafel. An dieser Stelle befand sich bis 1994 eine Werft, John Tyrrell & Sons. Und wieder stoße ich auf den Namen Francis Chichester: Hier wurde nämlich die GIPSY MOTH III gebaut, mit der Chichester im Jahr 1960 die erste Einhand-Transatlantik-Regatta gewonnen hat.

Direkt am Hafen wird aufwendig gebaut. Die Straße ist abgesperrt, tiefe Gruben werden ausgehoben, in die große Betonringe versenkt werden. Neugierig geworden fragen wir, was hier gebaut wird. »Die Kanalisation«, erklärt man uns. Wir fragen nach: »Soll das heißen, dass Arklow keine Kläranlage hat?« Genau so ist es. Ein Kanalsystem aus den 30er-Jahren leitet bis heute alle Abwässer der Stadt ungeklärt in den Fluss. Zusammen mit dem giftigen Dreck aus einer großen Kupfermine und einer Düngemittelfabrik, die hier noch bis vor 20 Jahren produziert haben, hat das dazu geführt, dass eine Studie aus dem Jahr 2019 dem Avoca River bescheinigt, einer der am schlimmsten verschmutzten Flüsse Irlands zu sein und die neue Kläranlage soll erst 2025 in Betrieb gehen. Ist das eklig, wir schwimmen in einer Kloake!

Nur 15 Meilen weiter nördlich liegt Wicklow. »Go at low tide«, hatte der Hafenmeister empfohlen, denn die Tidenströme laufen hier genau parallel zur Küste rauf und runter, und das sollte man nützen. Zurzeit sind die Gezeiten, die sich ja täglich um rund eine Stunde verschieben, äußerst »benutzerfreundlich«. Ebbe ist mittags, da können wir ganz gemütlich den Vormittag vertrödeln. Als wir schließlich rausfahren, empfängt uns ein extrem schwacher Südwind. Trotzdem machen wir flotte Fahrt, 7 Knoten über Grund.

Authentischer Fischgestank liegt über dem Hafen von Wicklow. Keine einzige Segelyacht ist zu sehen, hier liegen nur Kutter. Der *Reeds* empfiehlt einen Platz im Innenhafen an der Nord- oder Südpier, aber das ist uns entschieden zu rustikal. Lieber gehen wir draußen an die Ost-Mole. Das Problem mit den wechselnden Wasserständen lösen wir, indem wir an einem Fischer längsseits festmachen, der die nächsten Tage nicht auslaufen wird.

Oben auf der Mole arbeitet Pat Davis. Jeden Tag sehen wir ihn hier, wie er seine Schiffsbilder an die Wand malt. Schiffe, die hier schon im Hafen waren, aber auch andere. »Paintings on the pier« nennt er das, auf Instagram kann man ihm zugucken. Drolliger Vogel, bekannt wie ein bunter Hund natürlich, schnackt mit jedem, der vorbeikommt. Im Augenblick freut er sich über das schöne Wetter. »In Irland haben wir ja nur zwei Jahreszeiten«, sagt er und feixt. »Winter und Juli.« Glück für uns. Mai und Juni waren wohl eine ziemliche Katastrophe.

Am Sonntag nehmen wir uns segelfrei. Ein größerer Menschenauflauf am Strand weckt unsere Aufmerksamkeit. Der Wicklow Swimming Club trifft sich zu seinem wöchentlichen Wettschwimmen. Erst die Jugendlichen, dann die Erwachsenen, insgesamt wohl mehrere Hundert Schwimmer, alles keine Modellathleten. Und fast alle ohne Neoprenanzug. An der North Pier steigen sie ins bitterkalte Hafenwasser und schwimmen eine weite Runde, ungefähr zwei Kilometer. Ich würde nicht mal die Hälfte schaffen, selbst wenn das Wasser wärmer wäre.

Mitglieder des Wicklow Swimming Club beim Wettschwimmen.
In Dublin darf es mal ein Haarschnitt sein.
Junge Burschen wagen den Sprung in den Liffey – mitten in der Stadt.

Das letzte Guinness des Tages bestellen wir in der *Bridge Tavern*. Ein historischer Ort, nämlich das Geburtshaus von Robert Halpin. Dieser war Mitte des 19. Jahrhunderts Erster Offizier, später Kapitän der GREAT EASTERN und hat mit ihr das erste funktionsfähige Transatlantikkabel verlegt. Toll beschrieben in einem Roman, den ich mal gelesen habe. Mit Sicherheit der berühmteste Sohn der Stadt und Namensgeber auch des Cafés gegenüber. Als uns morgens der Sinn mal wieder nach einem Full Irish Breakfast steht, bekommen wir das schön heiß und fettig im *Halpin's Café*.

Wir verlassen Wicklow kurz vor Niedrigwasser um 14 Uhr. Auch heute weht der Wind nur schwach, doch die Strömung strömt und gibt uns Anschwung. Wir wollen es noch mal wissen und steuern nicht um Dalkey Island herum, sondern wieder zwischen Festland und Insel hindurch. Es macht einfach Spaß, sich vom Sog da durchziehen zu lassen. Und dann sind wir in Dublin. Vor uns, hinter uns, um uns herum die Lichter der Großstadt. Wir haben Dún Laoghaire Harbour (die Iren sagen *Dan Lierie*), den großen Yachthafen in der Bay, links liegen gelassen und sind den Liffey aufwärts gefahren bis zur Poolbeg Marina, dem letzten Anleger vor der ersten Brücke. Hier haben wir festgemacht, direkt gegenüber den Fähr- und Containerterminals. Wenn die großen Pötte mitten im Fluss wenden, kommen sie uns schon manchmal bedrohlich nahe. War übrigens wieder ganz gut, auch hier vorher anzurufen. Als am nächsten Tag ein Franzose kommt, unangemeldet, wird er wieder weggeschickt. Alle Stege sind voll, viele Dauerlieger und mehrere Liveaboards.

Wir sind meinem Törnplan immer ein paar Tage voraus. Aber besser so als andersrum. Ich hatte ja sicherheitshalber reichlich Puffer eingebaut, für den Fall, dass ich irgendwo eingeweht werde und nicht weiterkomme. Deshalb haben wir bis zu Albrechts Abreise am Sonntag fünf Tage Zeit. Für eine Stadt wie Dublin schon fast zu wenig. Denn schließlich gehören hier auch die zahllosen Pubs zu den Sehenswürdigkeiten.

Wir lassen es geruhsam angehen. Finden schon am ersten Abend einen Italiener, der so gut ist, dass wir ein paar Tage später noch mal wiederkommen müssen. Machen am zweiten Tag eine Free Walking Tour durch die Innenstadt. Unser Guide heißt Kiron, ein junger Mann, der eine Menge zu erzählen weiß über die Geschichte Irlands, die englische Besatzung, den Bürgerkrieg und die Unabhängigkeit. Er lacht, als er uns erzählt, wie er regelmäßig amerikanische Touristen verwirrt, wenn er ihnen erklärt, dass er gleichzeitig sowohl Republikaner als auch Demokrat sei. Mitten in Temple Bar, dem Kneipenviertel, kommt uns ein Mann entgegen, und ich denke, mmhh, der sieht aus wie Bono. Bin mir aber nicht sicher, bis Kiron sagt: »Hey, das ist ja Bono!« Der Frontmann der weltbekannten Band U2, hier mitten auf der Straße, vollkommen unbehelligt zwischen all den Touristen. Kurzes Hello & Good Bye, sehr nett.

Eines Tages wollen wir ein Auto mieten, um eine Ausfahrt ins Landesinnere zu machen. Die Wicklow Mountains, das weiß ich, sind wunderschön. Als wir jedoch hören, was der Spaß kosten soll, bleibt uns die Spucke weg, und wir verzichten dankend. So treiben wir weiter durch die Stadt. Wandern am Grand Canal entlang und ruhen uns danach im St. Stephen's Green aus. Schauen auf einen Liquid Service ins *Cobblestone*, wo eine irische Folk-Session im Gange ist, ins *Darkey Kelly's* und ins *Mulligan's*, wo John F. Kennedy sein erstes Guinness probiert haben soll. Selbstverständlich in *O'Donoghue's Bar*, wo seinerzeit die Karriere der Dubliners begann. Alles uralte Tränken, in denen

Früher Spiritus Sanctus, jetzt kommt hier der Geist aus der Flasche: *The Church*, berühmte Bar in einer ehemaligen Kirche.

die Patina von der Wand tropft. Wir lauschen einem Evensong in der Christ Church Kathedral und trinken hinterher ein Schwarzbier in einer umgebauten Kirche. Wir besuchen das Irish Museum Of Modern Art und sind ein bisschen enttäuscht. Interessanter finden wir's in der National Gallery. Albrecht kauft sich ein Ticket für Tosca, ich lasse mir die Haare schneiden. Apropos Albrecht. Mit seinem Fahrrad ist er mir öfter mal ein paar Schritte voraus. Nach einem Besuch auf dem Glasnevin Cemetery, Irlands Nationalfriedhof, will er sich ein wenig erfrischen. Gleich vorn am Eingang liegt *The Gravediggers*, ein uririsches Watering Hole, zünftiges Publikum. Natürlich trifft man hier keine Totengräber mehr, oder vielleicht doch? Jedenfalls kann man sich gut vorstellen, wie es hier früher zugegangen ist. Albrecht bestellt sich also ein kleines Glas Guinness, es ist schließlich erst früher Nachmittag. Aber der Barkeeper tut so, als hätte er ihn nicht gehört, ignoriert ihn völlig. Albrecht weiß nicht recht, wie es weitergehen soll, als der Barmann auf einmal ein volles Pint vor ihm auf dem Tresen stellt und ohne eine Miene zu verziehen sagt: »Hier, damit wir Freunde bleiben.«

Das Sommerwetter hält weiter durch. In Paris und anderswo auf dem Kontinent sollen die Temperaturen dieser Tage die 40-Grad-Marke knacken. Hier ist es nicht ganz so heiß, und der Wind ist manchmal ziemlich kühl. Trotzdem fangen die ersten Einheimischen schon an, über die Hitze zu stöhnen. Von mir aus kann's noch lange so bleiben.

Vorgestern kam ein großes braunes Postpaket für mich an, sorgfältigst verschnürt und verklebt: Auspack und freu! Hermann hat mir in Hamburg einen Cockpittisch gebastelt. Der kleine Klapptisch, an dem wir während unserer gemeinsamen Zeit auf OBLOMOW jeden Tag gefrühstückt haben, hatte ihm von vornherein nicht gefallen. Der neue Tisch wurde natürlich sofort montiert und mit der nächsten Mahlzeit eingeweiht.

Cheerio!
The Jolly Sailor

Zufallsbegnung mit einem Rockstar (o.), und junge Musiker bei einer Session im Cobblestone (u. l.). OBLOMOW vor der nächtlichen Hafenkulisse von Dublin (u. r.).

09

AHOY, LANDLUBBERS!

PORTAFERRY AM SONNABEND, 23. JULI

DER 84. TAG

Am Mittwoch bekam Frank eine Textnachricht von einem Freund aus Hamburg. Wir waren unterwegs von Howth nach Port Oriel. Wie wir denn mit der irren Hitze klarkämen, wurde er gefragt. Da hatte er sich gerade seinen dicken Woll-Troyer angezogen und schickte als Antwort kommentarlos ein Selfie zurück. Der Sommer scheint gerade eine Pause einzulegen. Wir sitzen unter Deck, eingeweht in Portaferry. Draußen Sturm und Regen.

Vor einer Woche in Dublin sah das noch anders aus. Als Frank am Sonntagmittag eingeflogen kam, konnte er als Erstes seine warmen Sachen wegstauen. Anderthalb Tage blieben wir noch an Ort und Stelle und machten einmal mehr die Stadt unsicher. Ein bisschen konnte ich inzwischen schon den Stadtführer mimen, den Rest entdeckten wir zusammen, das Museum im Elternhaus von Oscar Wilde zum Beispiel. Außerdem stand natürlich noch ein Besuch im *Gravediggers* auf dem Programm, den Barmann wollten wir ja unbedingt kennenlernen.

Frank und ich kennen uns schon seit der Schulzeit und waren immer im regen Austausch. Wobei … in den letzten Jahren verliefen unsere Gespräche manchmal etwas einseitig. Wenn er mir etwas erzählte, kriegte ich oft den Mund nicht zu, weil er dabei mit fiesen Folterinstrumenten an meinem Gebiss herumklempnerte. Aber wir haben uns natürlich nicht nur in seiner Praxis getroffen. Auch er ist Ostseesegler, und als ich ihn fragte, ob er nicht mal ein bisschen salzigere Seeluft schnuppern wollte, war er sofort dabei.

Immer noch der Prototyp des Dandys: Oscar Wilde als Denkmal vor seinem Elternhaus am Merrion Square Park.

Dienstag. Nach sieben Tagen Großstadt wird es höchste Zeit, mal wieder den Hafen zu wechseln. Ich fange schon langsam an mir Sorgen zu machen, ob ich überhaupt jemals wieder vom Sightseeing-Modus in den Segelmodus zurückschalten kann. Wir wollen aber vor allem erst mal nur weg von hier, der auf die Dauer doch etwas nervigen Geräuschkulisse und dem bei Ostwind ziemlich penetranten Gestank durch eine Müllverbrennung. Nur um die nächste Ecke rum. Howth oder Malahide, zwei große moderne Marinas stehen zur Wahl. Ich gucke mal wieder auf meine Lieblingswebseite und lese dort Folgendes über Malahide:

You should be in no doubt that this is a top class marina, very efficiently run with every conceivable service but if you are a humble yachtsman pottering around the coast in a ten meter boat you'd better expect your credit card to take a hammering; this is a marina for the well heeled with yachts that need two steering wheels at the back and bow thrusters at the front!

Humble yachtsmen, bescheidene Segler mit einem kleinen Boot ohne Doppelruder und Bugstrahler, damit fühlen wir uns gemeint. Wir wissen, wo wir hingehören! Also eher nicht nach Malahide. Nach der etwas räudigen Atmosphäre in Poolbeg ist aber auch Howth schon Kontrastprogramm genug. Ein ziemlich schicker Yachtclub, aber sehr lebendig durch aktive Regattasegler und segelnde Jugendgruppen. An der Bar finde ich ein paar ältere Nummern von *Yachting Monthly.* Titelthema einer der Ausgaben: *50 reasons to sail round Britain and Ireland.* Ich blättere durch den Artikel und stelle fest, dass hier ziemlich exakt genau mein Törn beschrieben wird. Hier finde ich auch die abschließende Antwort auf eine Frage, die mich bei der Vorbereitung durchaus beschäftigt hat: linksherum oder rechtsherum? Die Antwort, eher lapidar: egal. Strömungen und Wind kommen immer mal aus der falschen Richtung – egal, wie rum man fährt.

Von Howth nach Port Oriel, Clougherhead, wie die Einheimischen sagen. Volles Kontrastprogramm wieder rückwärts. Genau wie in Wicklow nur Fischerboote, keine einzige Yacht. Wir haben gerade an einem schmierigen Fischkutter festgemacht, als ein großer Junge auf der Pier uns darauf aufmerksam macht, dass alle am Abend noch auslaufen werden. Um halb elf geht es tatsächlich los. Dieselmotoren werden gestartet, der ganze Hafen gerät in Bewegung. Wir sollen am größten Schiff im Hafen festmachen, weil das drinbleibt. Aber die Bordwand ist so hoch, dass wir überhaupt keine Leine rüberkriegen, geschweige denn dran hochklettern können. Unser junger Freund ist unser Helfer, rennt rüber, steht oben an der Reling und nimmt unsere Leinen an. Freut sich, lacht, läuft wieder zurück zu seinem Schiff. »Take care, boys!«, ruft er uns zum Abschied zu, der Jungspund. Boys ...!!!

Der Schlag nach Port Oriel war endlich mal wieder ein schöner, langer Segeltag. Blaue Löcher in der Wolkendecke, 35 Meilen bei 3 bis 4 Windstärken. Wenn die dann auch noch aus der richtigen Richtung und nicht voll direkt von vorn gekommen wären, wär's perfekt gewesen. Na ja, eine flotte Kreuz ist allemal besser als fünf Stunden Motorfahrt. Das kam nämlich als Nächstes, von Port Oriel nach Ardglass. Hier waren wir auf einmal nicht mehr die Einzigen mit dem Adenauer am Heck. Drei aus Kiel und wir macht vier.

Seit zwei Tagen spinnt mein Bordladegerät, streikt und zeigt ein rotes Licht für Störung. Streckt mir quasi die Zunge raus! Der deutsche Skipper von gegenüber, rein zufällig ein Elektriker, taucht tief in meine Backskiste und checkt alle Sicherungen, findet aber keinen Fehler. Ich frage das Internet und bekomme den sachdienlichen Hinweis: Ausbauen und einschicken. Supertipp, vielen Dank. Ein richtiges Problem ist das aber zum Glück nicht, denn die Lichtmaschine arbeitet ordentlich, die Solarzellen auch. Also kein Blackout zu befürchten, GPS und Autopilot arbeiten weiter.

Abends auf eine Stippvisite rüber zur LAETITIA 4 aus Strande. Die sind in der Gegenrichtung unterwegs, und Skipper Uli erläutert uns seine Route durch die schottische Inselwelt anhand der fünf Whiskyflaschen, die er dafür auf den Cockpittisch stellt. Netterweise stellt er auch Gläser dazu.

Prototypen ganz anderer Art an einem Pubtresen und ein Moment der Ruhe, Hausboote am alten Grand Canal. Am Royal Canal sitzt der Dichter Brendan Behan auf einer Bank und ich setze mich für einen kleinen Plausch dazu. In einem Hinterhof im Temple-Bar-Viertel sind Künstlerinnen am Werk.

Seit gestern sind wir nun hier, in Portaferry, auf halber Strecke ins Strangford Lough. Auf Tidenströme vor der Küste müssen wir im Moment nicht sonderlich achten. Ziemlich genau in dieser Gegend treffen sich die Gezeiten, die von Norden und von Süden kommend durch die Irische See strömen. Der Meeresspiegel hebt und senkt sich zwar, aber das Wasser bleibt auf der Stelle stehen. Hier ist also immer Slack, Stillwasser. Wenn man allerdings durch die Meerenge ins Strangford Lough will, ist genauestes Timing erforderlich. Das Lough ist ein Salzwassersee, ungefähr 25 Kilometer lang und sechs Kilometer breit. Da passt ganz schön viel Wasser rein, das mit jeder Tide rein- und rausschwappt. Die Strömung in diesem Nadelöhr kann entsprechend wild sein, Overfalls, stehende Wellen inklusive. Bis zu 8 Knoten werden hier manchmal gemessen! Man sollte denken, dass das ideale Bedingungen für ein Gezeitenkraftwerk wären, und tatsächlich wurde hier im Jahr 2008 auch eins installiert. Mit einer Leistung von etwa 1,2 Megawatt galt es »als leistungsstärkstes im kommerziellen Betrieb befindliches Meeresströmungskraftwerk«. Trotzdem wurde es nach nur neun Jahren wieder abgebaut. Da fragt man sich, gerade in der heutigen Zeit, warum.

Timing is everything when dealing with the entrance to Strangford Lough, and you will need a decent chart of the entrance showing the transits. Von Ardglass bis zum Lough sind es nur wenige Meilen, da fällt das Timing nicht so schwer. Fünf Stunden vor Hochwasser in Belfast laufen wir aus, und genau bei Slack erreichen wir die Einfahrt. Wind ist Fehlanzeige, deshalb laufen wir unter Maschine bei niedriger Drehzahl entspannt mit 4 Knoten. Eine halbe Stunde später haben wir aufs Doppelte beschleunigt, ohne dass jemand den Gashebel angefasst hätte. Wären wir noch weitergefahren, wären wir sicher noch viel schneller geworden. Aber wir biegen ab, denn weiter wollen erst in den nächsten Tagen. Vielleicht. Denn ob das überhaupt was wird, entscheidet sowieso das Wetter.

Der Anleger ist ziemlich tricky. Wir waren gewarnt worden: Wer nicht aufpasst, wird von der starken Strömung am Hafen vorbeigespült und kommt, wenn's richtig dumm läuft, gegenan nicht mehr zurück. Wir passen aber auf und kriegen den nettesten Empfang durch den nettesten Hafenmeister, den man sich vorstellen kann. Er winkt uns in die richtige Box und nimmt die Leinen an. Aber wo sind wir hier eigentlich gelandet? Von der Hafenpromenade scheppert laute Mariachi-Musik herüber. Die Balkons sind mit mexikanischen Flaggen geschmückt, gruselige Gerippe stehen in den Hauseingängen, und wild kostümierte Menschen mit grell geschminkten Gesichtern laufen die Straße entlang. Total schräges Treiben. Wir biegen um die nächste Straßenecke und sind mitten in Frankreich. Bistrotische, Ringelhemden, roter Wein und Baskenmützen unter blau-weiß-roten Fahnen. Und ganz oben am Rand der Stadt befindet sich heute das Reich der Mitte, China. Die Erklärung: The Annual Gala, wie sie das hier nennen. Eine Woche lang feiert Portaferry so eine Art Karneval, und nach zwei Jahren Coronapause geben sie diesmal wieder Vollgas. Heute ist letzter Abend. Im *Fiddler's Green* geht die Post ab. Eine wilde Mädchenhorde in Sportklamotten stürmt den Laden. Das lokale Camogie-Team (das ist Hurling für Mädchen) spielt heute Pub-Golf. Wie das geht? Keine Ahnung, nur dass es irgendwas mit Saufen zu tun haben muss. Alle haben mächtig Spaß, und wir sind mal wieder mittendrin statt nur dabei.

Cheerio!
The Jolly Sailor

Steht das Groß, ist das Fall durchgesetzt? Ja klar! Der Hafen von Ardglass bei Nacht und die furchteinflößenden Gestalten in Portaferry am nächsten Tag.

10

AHOY, LANDLUBBERS!

ARDROSSAN AM MITTWOCH, 3. AUGUST

DER 95. TAG

Hier und heute sollte heute eigentlich der nächste Crewwechsel stattfnden. Frank hat abgemustert, aber Jörg ist in Brüssel gestrandet – weil ein deutscher ICE an der Grenze hinter Aachen nicht auf belgischen Strom umgeschaltet werden konnte. Ja geht's noch? Er kommt also erst morgen, mit einem Tag Verspätung. Sei's drum, das Wetter lockt hier sowieso gerade niemanden aus dem Hafen. Während es in Deutschland mal wieder heiß hergeht, sitze ich unter Deck. Draußen grau, Niesel, kräftige Windböen, 15 °C. Kann nur besser werden, soll es aber auch.

Am vorletzten Sonnabend, unserem letzten Tag in Portaferry, bleiben Frank und ich natürlich nicht den ganzen Tag unter Deck sitzen. Auch wenn das Wetter mies ist. Wir haben ja Strangford, den Ort genau gegenüber, noch nicht gesehen. Mit der Autofähre setzen wir über und sind schon wieder mitten drin in einem Volksfest. Hier geht es aber etwas gesitteter zu, die Hauptattraktion sind die Swing Boats, historische Schiffsschaukeln. Müssen wir natürlich unbedingt ausprobieren, denn: Ein Hafentag ist noch lange kein Grund für ohne Schiff und ohne Schaukelei!

Abends sind die Dekorationen in Portaferry schon weitgehend wieder abgebaut, aber der letzte Karnevalsabend gestern sitzt manchen noch in den Gliedern. Während wir gelegentlich Mühe haben und rätseln müssen, wer jetzt wer war, ohne Schminke und Kostüm, spricht mich irgendwann eine Frau an und sagt: »Na so was, ich dachte ich hätte mich gestern mit einem Schweden unterhalten. Aber du bist ja gar kein Schwede …« Ich war allerdings, im Gegensatz zu ihr, nicht verkleidet gewesen.

Wir sitzen in der Bar vom Portaferry Sailing Club, langsam füllt sich der Laden wieder. Es muss nicht immer Karneval sein. John, der ehemalige Commodore, erklärt uns die Welt und das Segeln, als zwei Jungs ihre Gitarren auspacken, sich an den Tresen setzen und anfangen zu singspielen. Total spontan, die haben vorher noch nie zusammen musiziert. Jetzt wird der Abend wieder richtig lustig. Nur die Barfrau macht ein Gesicht, als wenn sie sagen wollte: »Wann hab ich endlich Feierabend?«

Kein Tag ohne Schiff und Schaukelei!

John ist ein unermüdlicher Gastgeber. Ein Guinness nach dem anderen lässt er für uns zapfen, bis ich ihn bremse und zu dem Tresenmädel sage: »Please don't take any more orders from that gentleman.« Da huscht zum ersten Mal ein kleines Lächeln über ihr Gesicht.

Sonntagmorgen dann sind wir ein bisschen erschöpft von den Ereignissen der letzten beiden Tage. Vielleicht waren es auch die Abende, gut möglich. Um 10.00 Uhr, eine Stunde vor Hochwasser, laufen wir aus. Die Tide diktiert den Törnplan.

Exit needs special care as with the ebb tide under you there will be a point of no return,
where the mariner will have no option but to face possibly rough water, standing waves and overfalls.
Zu Deutsch: Wenn man mit der Ebbe rausfährt gibt es irgendwann kein Zurück,
auch wenn's draußen ungemütlich ist.

Klingt schon wieder ziemlich gefährlich, aber heute sollte uns keine Gefahr drohen. 4 Beaufort sind angesagt. Den Abstecher ins Strangford Lough, so schön es auch sein soll, müssen wir aufs nächste Mal verschieben, denn der Südwind, der uns mit nach Bangor nehmen soll, wird nur noch heute wehen. Das tut er auch sehr schön und hat draußen auf offener See schon sehr eindrucksvolle Wellen aufgebaut. Wir haben nur die Genua ausgerollt, das reicht. Mit läuft die KAILENA von Bill und Anna, mit denen wir gestern ein paar Worte gewechselt haben, die haben dasselbe Ziel. Kurz vor Erreichen der Einfahrt erwischt uns ein Wolkenbruch. Der Wind ist völlig weg und der Regen fällt senkrecht. Es schüttet wie aus Eimern, nimmt uns jede Sicht. Und wer sagt's denn – meine neue, altmodische gelbe Jacke hält dicht!

Bangor ist der Hafen in der Belfast Bay, von dem aus man bequem in kurzer Zeit mit dem Vorortzug in die Stadt kommt. John, der Clubchef aus Portaferry, hatte uns zwar quasi für blöd erklärt, wenn wir da festmachen, statt weiterzufahren bis zur neuen Marina direkt am Titanic Quarter, von wo aus man alles fußläufig erreichen kann. Aber die 10 Meilen mehr muss man ja irgendwann auch wieder rausfahren, und das dauert alles seine Zeit. Der Zug ist schneller. Und Bangor selber kann man sich ja auch mal angucken. Die Häuserzeile am Hafen macht leider einen etwas trostlosen Eindruck. Das *Royal Hotel*, *The Windsor*, das *Marine Court Hotel*, mehrere Geschäfte, alles tot, leer und verrammelt. Vermutlich alle an Corona gestorben.

Aber ein paar Schritte die Main Street rauf ist das *Fealtys*, und seit wir Kevin in Milford Haven getroffen haben, wissen wir, dass wir da hinmüssen. Denn da wird das beste, und wenn es nach Kevin geht, das einzig wahre Guinness von ganz Irland gezapft! Überall sonst, meinte Kevin, wird das schwarze Bier immer zu kalt serviert. »Drink Guinness sensibly«, steht über der Tür. Dazu haben sie hier zwei Zapfhähne. Aus dem einen kommt das Bier mit Raumtemperatur aus einem Fass direkt unterm Tresen, aus dem anderen die normal gekühlte Flüssigkeit aus dem Keller. Hier im *Fealtys*, und angeblich nur hier, wird gefühlvoll aus beiden Hähnen gezapft und im Glas gemischt, und ich muss sagen, da ist was dran. Schade, dass Albrecht das nicht probieren konnte.

Zwei Tage Belfast haben wir uns vorgenommen, zwei Tage Pflastertreten sind angesagt. Wir beginnen mit Tee im noblen *Europa Hotel* direkt neben dem Opernhaus. Da habe ich vor vielen Jahren

»Drink Guinness sensibly« – im *Fealtys* wird der schwarze Stoff perfekt temperiert serviert. Hortensien blühen passend zu den Hausfassaden , ein historischer Segler ankert vor der Stadtkulisse. All das und mehr in Bangor.

Backroom
EVERY WEEK 10PM

تضامن
Solidarity
P.O.W.s

EVERYONE REPUBLICAN OR OTHERWISE HAS THEIR OWN PARTICULAR ROLE TO PLAY
...OUR REVENGE WILL BE THE LAUGHTER OF OUR CHILDREN
Bobby Sands MP
POET, GAEILGEOIR, REVOLUTIONARY, IRA VOLUNTEE
S937 FGU
TXI

mal gewohnt, als man fürs *Stern*-Magazin noch Reportagen fotografieren konnte. Damals warb das Haus damit, es sei das meistgebombte Hotel in Europa. Und erstens stimmt das tatsächlich, und zweitens heben sie das auch heute noch stolz hervor. Heute muss man allerdings keine Angst mehr haben, dass gleich wieder eine Autobombe in der Tiefgarage hochgehen könnte. Dann laufen wir rüber nach West Belfast. Die Falls Road rauf, vorbei an den Kriegerdenkmälern und den großen Wandbildern mit den gefallenen Helden der republikanischen Seite, dann die Shankill Road runter, mit den gleichen heiligen Stätten für die vermeintlichen Helden der anderen Seite.

Zum Schluss noch ein Besuch auf dem Milltown Cemetery, dann ein paar Schritte weiter in den *Felons Club*. Von den toten Republikanern zu den lebenden. Denn der Club, das war mal eine mehr oder weniger geschlossene Gesellschaft von Männern, die alle aus politischen Gründen im Knast gesessen hatten. Wenn man da reinkam, also natürlich nur in Begleitung eines Mitglieds, dann konnte man sicher sein, dass man sein Guinness in der Gesellschaft einer gewissen Elite der IRA trank. Felons, »Schwerverbrecher«, wie sie sich ironisch selbst nannten. Der Eingang war damals schwer gesichert, durch Kameras und hohe Gitter, die Einrichtung war einfach und schmucklos. Und heute? Laut Selbstdarstellung auf der Website betreten wir ein familienfreundliches Restaurant mit Bar. Alles hell und modern. Nur die Wandbilder und die Parolen erinnern noch an damals. Zwar trinken hier immer noch fast ausnahmslos nur Männer, aber interessanter als Politik sind offensichtlich die Pferderennen, die über die Flachbildschirme flimmern.

Schnell werden wir als Touristen erkannt. Auf einmal steht einer der Barkeeper mit zwei vollen Gläsern an unserem Tisch. »Von dem Typ da drüben, der möchte euch einen ausgeben«, sagt er und deutet über die Schulter. Wir sind fröhlich erstaunt, bedanken uns und prosten dem Spender zu: »Sláinte!« Als seine Kumpels mitkriegen, was da gerade passiert, bricht die ganze Gruppe in dröhnendes Gelächter aus. Sie kriegen sich kaum wieder ein: »Das ist seit 40 Jahren das erste Mal, dass der jemand anderem einen Drink kauft!«

Nach so viel politischer Historie kommt am nächsten Tag die andere tragisch-interessante Seite der Geschichte Belfasts dran. Ich spreche von der TITANIC. Auf dem Gelände der Werft von Harland & Wolff, wo das Schiff 1912 vom Stapel lief, befindet sich heute ein ganz modernes Museum. Sehr eindrucksvoll konzipiert erfährt man hier alles, nicht nur über das Schiff selbst, sondern auch und vor allem über die Konstruktion und den Bau. In einer Gondel sitzend, werden wir Stockwerk um Stockwerk heruntergefahren, vorbei an der Nachbildung aller Stationen eines Werftbetriebes von vor über 100 Jahren. Es dampft und hämmert um uns herum, als wären wir live dabei. Sehr gut gemacht.

In Belfast ist fast alles politisch konnotiert. Wandgemälde an der Falls Road im katholischen West-Belfast und Fahnenschmuck auf den Gräbern von IRA-Kämpfern.

Bill und Anna, mit denen wir uns ein bisschen angefreundet haben, sind weitergefahren. Sie wollen schon rüber nach Schottland, nach Troon. Das ist uns noch zu weit, einfach weil kein Wind weht. Wir gucken mal, was es auf dieser Seite noch so gibt. Glenarm, ein Stück weiter die Küste rauf, sieht nett aus, also los. 24 Meilen, die wir komplett motoren müssen. Der Himmel ist bedeckt, der Wind streikt total. Ein Trost ist die abwechslungsreiche Kulisse, an der wir entlangtuckern. Und die Unterstützung durch den Tidenstrom. Die Maschine läuft nur kurz über Leerlaufdrehzahl, wir machen trotzdem 7 Knoten über Grund.

Glenarm ist ein kleiner Hafen mit nur zehn Gästeplätzen. Ich finde die Sitte, sich telefonisch einen Liegeplatz im Voraus zu buchen immer noch ungewöhnlich, habe mich aber inzwischen daran gewöhnt. Immerhin ist man so auf der sicheren Seite, kriegt gleich einen Steg und eine Nummer zugewiesen und braucht nicht lange nach einem freien Platz zu suchen.

So etwas wie ein Restaurant gibt es hier nicht. Nur zwei Pubs, Tür an Tür direkt nebeneinander. Wir nehmen den Aperitif (das schwarze Zeug natürlich) in dem einen und köcheln uns dann was an Bord. Danach testen wir das schwarze Zeug in dem anderen Laden. Hier lernen wir Terry und Sharon kennen. Zusammen mit Paul und seiner sitzen sie da seit dem Nachmittag. Sie wollen sich jetzt schnell was zu essen machen, danach sollen wir doch auf einen Drink zu ihnen aufs Schiff kommen.

Das ist allerdings ein Motorboot. Und zwar so ein richtig fieses Stück Makroplastik. Aber natürlich gehen wir hin, eine solche Gelegenheit hat man ja nicht allzu oft. Und all unsere Vorurteile werden auf das Schönste bestätigt. Hochpoliertes Messing glänzt im Schein der indirekten Beleuchtung, weicher Teppichboden zieht sich über die geschwungenen Treppen bis hinunter in den Wohnbereich mit Eigner- und Gästekabinen und zwei kompletten Badezimmern mit Dusche, WC und Bidet (!). Die andere Treppe führt hinauf auf die Flybridge, des Eigners bordeigenen Feldherrenhügel.

Wie sich herausstellt, gehört Terry und Paul dieses Boot gemeinsam, und das etwas kleinere, das davor am Steg liegt, auch. Je nach Bedarf tauschen sie. Jetzt machen Terry und Sharon gerade ein paar Tage Urlaub auf dem großen, während Paul und seine Frau heute noch mit dem kleinen zurück nach Hause müssen, nach Bangor, zu ihren sechs Kindern, denn die Nanny will ins Bett. Finstere Nacht, ein paar Drinks, egal. Paul startet die Aggregate. 24 Meilen? »Na und, in einer Stunde sind wir da.« Fremde Welt. Nur ein Vorurteil müssen wir ehrlicherweise revidieren. Manche Motorbootfahrer sind eigentlich doch ganz nett.

Das war's dann jetzt mit uns und Irland. Nun ist Schottland dran. 37 Meilen rüber nach Kintyre, wie gut, dass wir aufs richtige Wetter gewartet haben. Der Törn nach Campbeltown entschädigt voll und ganz für lange Dieselstrecken. Die Sonne scheint, der Wind kommt mit 2, 3 und später 4 Beaufort aus Südost. Ein Segeltag wie aus dem Katalog. Trotzdem sind wir wieder weit und breit das einzige Boot. Die Häfen sind voll, aber das Wasser ist leer. Ist uns schon früher aufgefallen. Sehr seltsam.

Der Hafenmeister nimmt uns auf der Mole in Empfang, deutet mit dem Arm auf das Gebäude gegenüber und sagt: »You can pee over there.« Frank ist verwirrt. Nach den Toiletten hatte er doch gar nicht gefragt. Erst nach mehrmaligem Nachfragen verstehen wir, was der Mann meint. Dort drüben können wir bezahlen: You can pay over there. Willkommen in Schottland, an den Dialekt müssen wir uns aber noch gewöhnen. Schon abends ist vom schönen Wetter leider nichts mehr übrig. Kräftiger Regen hat eingesetzt. Kommentar von Frank: »Zum Glück müssen wir morgen nicht nach Schottland segeln. Wir sind ja schon da.«

Was den Katholiken recht ist, ist den Protestanten billig. Hausgiebel in der Shankill Road. Unpolitisch zwar, aber auch tragisch ist die Geschichte der White Star Liner. Die NOMADIC ist das letzte erhaltene Schiff der Reederei, hinten im Bild das Titanic-Museum.

Lest We Forget
Joanne Mcdowell
Samuel Gunning
Hugh Alexander Harris
William John Gracey
Linda Boyle
BAYARDO BAR
12th AUGUST 1975
5 INNOCENT
PROTESTANTS MURDERED
BAYARDO BAR
BOMBED 13th AUGUST 1975
BAYARDO

NOMADIC
CHERBOURG

Morgens Nebel, Niesel – Schottland zeigt sein anderes Gesicht. Aber nicht allzu lange. Mittags schon leichte Besserung. Der Wind hat auf West gedreht, der Blister steht vor einem grauen Himmel, der langsam erblaut. Zwischen Arran und Holy Island, in der Lamlash Bay, sind alle Visitor-Moorings belegt. Aber der Wind hat sich weitgehend gelegt, wir haben kein Problem, einen sicheren Ankerplatz zu finden. Über der Bucht kreisen Basstölpel. Überall um uns herum stürzen sich die großen Vögel kopfüber mit angelegten Flügeln ins Wasser. Scheinbar selbstmörderisch. Langsam wird es dunkel. Im Schein der Petroleumlampe sitzen wir im Cockpit und sehen zu, wie an Land die Lichter angehen und die hohen Berge in der Inselmitte zu Schattenrissen vor dem tintenblauen Himmel werden. Die Basstölpel sehen wir jetzt nicht mehr, hören nur noch das Platschen, wenn ab und zu noch einer einen Kopfsprung wagt.

Gegenüber in Sichtweite liegt die kleine Insel Holy Island. 1991 war das damals unbewohnte Eiland an ein tibetisches Zentrum verkauft worden. Heute leben dort etwa 30 Buddhisten in einem Kloster. Eine buddhistische Community hier in Schottland, das interessiert Frank, den Asien-Experten, natürlich ganz besonders. Besucher seien willkommen, hatten wir erfahren. Weil die Fähre aber heute nicht fährt, fahren wir selbst und ankern für den Tag vor dem steinigen Strand. Wir pätscheln an Land, etwas unsicher, weil kein Mensch zu sehen ist. Vor dem Haupthaus, dem Centre for World Peace and Health, grasen friedlich ein paar Ponys. Träge flattern die Gebetsfahnen im leichten Wind, sonst ist alles still. Ein Wanderweg führt zum Leuchtturm an der Südspitze. Am Rand des Weges, inmitten der schottischen Heidelandschaft, tauchen bunt bemalte Felsen auf, buddhistische Gottheiten. Die weiße Tara, die grüne Tara, Frank kennt sie alle mit Vornamen.

Dann machen wir einen blöden Fehler. Wir verpassen die Abzweigung, die uns oben über die Insel wieder zurückgeführt hätte. Als wir unseren Irrtum bemerken, ist es zum Umkehren schon zu spät, und wir müssen einmal ganz außenrum. Triefend nasse Wiesen, schartige Felsbrocken, steiniges Ufergelände, es nimmt kein Ende. Recht anstrengend ist es außerdem, und stellenweise auch nicht mehr witzig, weil wir mehr als einmal gefährlich ins Rutschen geraten. Ich mag mir gar nicht vorstellen, was es für die weitere Reise bedeuten würde, wenn ich mir hier die Haxen breche. Aber schließlich haben wir's geschafft, umrunden die letzte Felsnase und sind wieder am Ausgangspunkt. Bunt leuchten die Gebetsfahnen im Sonnenschein.

Holy Island, die kleine Insel im Firth of Clyde, wird von einer buddhistischen Community bewohnt. Auf der Südspitze steht ein Leuchtturm, im Heidkraut entdecken wir bemalte Felsblöcke.

Abends spielen die deutschen Fußball-Frauen gegen die Engländerinnen um die Europameisterschaft. Die KAILENA ist inzwischen ebenfalls hier vor Anker gegangen, und obwohl Bill und Anna sich genauso wenig für Fußball interessieren wie wir, setzen wir uns gemeinsam in der Lobby vom *Glenisle Hotel* vor den Fernseher. Als waschechter Schotte ist Bill dieses Mal natürlich für Deutschland! Aus der Meisterschaft wird dann ja nichts, und so richtig aufregend fanden wir das Ganze auch nicht. Wahrscheinlich, weil wir keine Ahnung haben. Aufregend wird es erst nach dem Spiel, als wir wieder vor die Tür treten und sehen, dass die KAILENA weg ist. Schon ziemlich weit entfernt sehen wir sie langsam durch die Bucht driften. Gleich wird sie sich da draußen in einer Fischfarm verfangen. Bill und ich hinterher, mit Unterstützung durch ein motorisiertes Dingi. Wir sind noch auf dem Weg, da kommt hinter uns das Lifeboat angedüst. Vier Männer in voller Kampfmontur. Bill ruft ihnen etwas zu und gibt sich als Eigner zu erkennen, da drehen sie wieder ab. Lachen und winken gut gelaunt. Hätten ja auch sauer sein können über den unnötigen Einsatz. Obwohl kaum Wind war, hatte der Anker nicht gehalten, aber es hätte schlimmer kommen können.

Erneut kündigt sich schottisches Wetter an, sodass wir den Plan, noch einen Landausflug auf Arran zu machen, fallen lassen und stattdessen lieber gleich rübermachen nach Ardrossan. Richtig so, denn abends geht es los mit Regen und kräftigen Böen. Da sitzen wir aber schon im Restaurant am Hafen und probieren mal, wie Haggis schmeckt. Nicht schlecht, finden wir. Und auf jeden Fall ist es hier besser, als jetzt da drüben unter Deck zu sitzen und unruhig am Anker zu hin und her zu schwoien.

Wir haben nun einen Tag gewonnen, den wollen wir nutzen, um mal wieder Großstadtluft zu schnuppern. In nur 40 Minuten bringt uns die British Rail mitten hinein ins Zentrum von Glasgow. In der Gallery of Modern Art gucken wir uns Bilder an, aber das auffälligste Kunstobjekt finden wir, steht vor dem Haus. Da sitzt der Herzog von Wellington auf seinem hohen Ross, und auf seinem Kopf sitzt schräg, keck wie der Zylinderhut von Johannes Heesters, ein Verkehrskegel. Irgendwann in den 80er-Jahren hatten ein paar Witzbolde eines nachts die schnapsige Idee, dem Herzog das Hütchen aufzusetzen – sicher keine ganz ungefährliche Kletterei. Natürlich waren die Ordnungshüter schnell zur Stelle, um das Ding zu entfernen. Aber flugs war der Kegel wieder drauf, und es entwickelte sich ein lustiges Katz-und-Maus-Spiel, das allerdings recht bald ziemlich teuer wurde, weil die Stadt jedes Mal eine Hebebühne anfahren lassen musste. Um die 10.000 £ pro Jahr soll das gekostet haben. So kam man schließlich auf den sensationellen Einfall, einfach den Sockel aufzustocken, um das Erklimmen unmöglich zu machen. Aber da hatten die Stadtväter die Rechnung ohne ihr Volk gemacht. Ein Proteststurm brach los. Eine »Keep the Cone«-Facebook-Seite bekam innerhalb von 24 Stunden 72.000 Likes. Sogar das Stadtmarketing hatte den behüteten Herzog inzwischen als Werbeträger entdeckt, und so ist es bis heute geblieben. Niemand holt das Hütchen mehr runter, statt dessen werden Poster und T-Shirts mit dem Foto des lustigen Reiters verkauft, Busse fahren mit dem Bild durch die Stadt und werben für Glasgow. Aus der Not eine Tugend machen, so nennt man das wohl.

Nun ist es fast schon Mitternacht geworden, und in diesem Moment kommt eine Nachricht von Jörg. Er ist mittlerweile tatsächlich in London angekommen, sitzt jetzt im Nachtzug und wird morgen früh hier sein. Also dann, heiter weiter.

Cheerio!
The Jolly Sailor

Ein ruhiger Ankerplatz in der Lamlash Bay (o.). Weniger ruhig geht es zu, wenn die Fans der Glasgow Rangers im Pub Fußball gucken. Die Queen bleibt gelassen (u. l.). Genau wie der Herzog von Wellington, der es auch nicht leicht hat heutzutage (u. r.).

READY
GLASGOW
SEKO
SEKO

11

AHOY, LANDLUBBERS!

KERRERA AM SONNABEND, 13. AUGUST

DER 105. TAG

… und dann ist Jörg endlich da. Ziemlich müde, aber durch unzählige Nachtdienste als Arzt im Krankenhaus gestählt, will er von einem Ruhetag überhaupt nichts wissen. Ein kräftiges Frühstück reicht ihm, und mittags laufen wir schon aus. Wieder rüber nach Arran, aber diesmal nach Loch Ranza, der Ankerbucht ganz im Norden. Der Wind kommt natürlich von vorn, es muss gekreuzt werden, aber Jörg gefällt das. Wir haben zusammen schon einige Meilen abgesegelt, und ich weiß, dass er ist ein unermüdlicher Rudergänger ist. Aus 18 Meilen Direktkurs werden am Ende lockere 32, aber wie zur Belohnung strahlt die Abendsonne wunderschön und lässt die Heide auf den Bergen lila leuchten.

Nach einem kräftigen Guss und nachdem wir ausgiebig den strahlenden Regenbogen bewundert haben, den die Morgensonne schräg vor uns übers Wasser zaubert, ein Landausflug. Nur ein paar Kilometer die Straße runter, dann stehen wir vor der Lochranza Distillery. Für ein Whiskytasting ist es heute noch zu früh, aber ein- oder zweimal ins Regal greifen, um die Bordbar zu komplettieren, das geht. Ein Café haben die hier auch, da bekommen wir einen Cappuccino, alkoholfrei.

So unerlässlich es im Süden Englands oder drüben in Irland war, sich bei den Fahrzeiten nach der Tide zu richten, so egal ist das hier. Der Firth of Clyde (das englische Wort Firth bedeutet so viel wie Fjord oder Förde) ist durch die Halbinsel Kintyre vom Atlantik getrennt. Die Pegelstände steigen und fallen zwar im Schnitt so um die drei Meter, aber sie erzeugen keine wesentlichen Oberflächenströme. Gleiches gilt auch für die abzweigenden Meeresarme, also auch für das Lower Loch Fyne und das East Loch Tarbert mit dem Fischerhafen gleichen Namens. *The setting is picturesque in the extreme, with the village circling the naturally formed harbour.* Schöner kann man's nicht sagen. Die schlappen 14 Meilen dahin schummeln wir uns dicht an der Küste entlang. Die Sonne scheint warm, die Hosenbeine sind gerefft, der Wind macht einen auf flotter Dreier, aber von den Bergen überraschen uns immer wieder fiese kleine Fallböen. Als Hamburger kennt man das. Auf der Außenalster braucht auch nur einer im *Hotel Atlantik* oder nebenan ein Fenster aufzumachen, schon pfeift die Zugluft übers Wasser.

Somewhere over the rainbow, oder anders gesagt: ein wunderbarer Morgen in der Bucht Loch Ranza.

Und dann erreichen wir den Crinan Canal. Sieben Drehbrücken und 15 Schleusen, von denen die meisten per Hand oder mit vollem Körpereinsatz bedient werden müssen, das Ganze auf einer Länge von nur 9 Seemeilen. Der kurze Kanal trennt die Halbinsel Kintyre vom Rest Schottlands und bringt uns wieder in den Atlantik. Auf diese Weise sparen wir uns den weiten Weg zurück und unten ums Mull of Kintyre herum, wenigstens 100 Seemeilen. Man kann den Crinan Canal problemlos an einem Tag absolvieren, aber warum sollte man? Bis zu vier Übernachtungen sind im Preis für den Transit inbegriffen. So viel Zeit wollen wir uns nun auch wieder nicht lassen, aber zwei Tage habe ich eingeplant. Auf den Kanal habe ich mich nämlich schon gefreut, seit ich zu Hause eine Fernsehreportage darüber gesehen habe. Einzig die dort erwähnte Tatsache, dass man mit massiven Angriffen von Midges, winzigkleinen, aber sehr blutrünstigen Mücken, rechnen muss, die sich im Süßwasser des Kanals massenhaft vermehren, macht mir Sorgen und trübt ein wenig die Vorfreude. In dem Film trugen die Schleusenwärter spezielle Hüte mit einem engmaschigen Schleier als einzig möglichen Schutz. So etwas haben wir nicht an Bord, wir müssten improvisieren.

Der Spaß beginnt in Ardrishaig. Jörg steht vorn auf dem Vorschiff, ich im Cockpit, und dann müssen die Festmacher vier Meter hoch auf die Mauer geschleudert werden. Es gelingt auf Anhieb, und die Seeschleuse hievt uns aufs richtige Niveau. Wir zahlen unsere Transitgebühr, bekommen eine kurze Einweisung von Tiegan, der fröhlichen Schleuserin, und einen Schlüssel für alle Sanitäranlagen auf dem Weg. Tiegan ist Studentin, wie viele andere auch macht sie die Schleuserei als Sommerjob. Die nächsten beiden Schleusen folgen kurz hintereinander. Bis hierher läuft Tiegan am Ufer neben uns her, dann wandert sie wieder zurück, und wir sind auf uns allein gestellt. Mal geht die Fahrt durch dichten Wald, mal an meterhohen Rhododendronwänden entlang, mal fällt der Blick über weite Wiesen auf die Hügel am Horizont. Schottland wie aus einem Werbefilm. Ab und zu kommt uns ein anderes Boot entgegen, aber viel Verkehr ist hier nicht. Am ersten Tag machen wir die halbe Strecke mit Sommersonne, verbringen die Nacht am Anleger in Cairnbaan, und am nächsten die zweite Hälfte bis Crinan bei so richtig landestypischem Wetter. Tiefhängende Wolken und hohe Luftfeuchtigkeit. Liquid Sunshine, wie man hier sagt. Offensichtlich auch kein gutes Flugwetter für Insekten. Der gefürchtete Angriff der Blutsauger bleibt jedenfalls aus.

Als wir in Crinan aus der Seeschleuse und wieder ins Salzwasser kommen, wird es nur noch schlimmer. Dichter Nebel empfängt uns. Instrumentenflug. Aber dann bekommt die Wolkendecke Risse. Auf einmal glitzert das Wasser, und wir schwimmen wie auf einer zerknitterten Alufolie. Die hohen Gipfel von Jura bleiben noch verhüllt, aber die Wiesen darunter leuchten in sattem Grün, immer wenn die Sonne einen Strahl durch ein Wolkenloch senkrecht nach unten schickt.

In der Bucht vor dem Örtchen Craighouse, mit Blick auf die Jura Distillery und das Hotel, finden wir eine freie Mooring. Im Restaurant hatten wir telefonisch reserviert, und als wir in die Bar kommen, werden wir von Gordon, dem Barchef, mit Handschlag begrüßt: »Mister Christian, I presume.« Das Dinner schmeckt vorzüglich. Fisch dominiert auch hier die Speisekarte, aber das ist uns gerade recht. Nach dem Dessert verwickeln wir Gordon an der Bar in ein kleines Fachgespräch. Die Auswahl an braunen Flaschen überfordert uns. Bevor wir uns für eine davon entscheiden, bekommen wir eine Drogenberatung vom Fachmann, denn Gordon kennt sich natürlich bestens aus mit dem

Tarbert, extrem pittoresk, da hat der Hafenführer Recht (o.). Die Schleusentore im Crinan Canal erfordern vollen Körpereinsatz, trotzdem sind Jörg und der Schleusenwärter gut aufgelegt (u.).

edlen Stoff, der hier gleich nebenan hergestellt wird. Auf Jura, genau wie auf der Nachbarinsel Islay, wird besonders rauchiger Whisky gebrannt. Heftiges Zeug, unverwechselbar. Ich mag das, ist aber nicht jedermanns Sache. Der Inseltorf, den sie sie hier verwenden, um das Malz zu rösten, ist dunkel und feucht und hat einen besonders hohen Anteil an Seegras, Algen und Meerwasser. So entsteht das charakteristische Aroma. Während auf Islay noch neun Destillerien in Betrieb sind, war und ist es hier immer nur eine einzige. Trotzdem gibt es Leute, die behaupten, dass Jura wahrscheinlich die einzige Insel der Welt sei, auf der es mehr Whiskyfässer als Menschen gibt.

Eigentlich stand jetzt Port Ellen auf dem Törnplan, den ich vor Antritt der Reise ausgearbeitet hatte. Ein Abstecher nach Islay wäre schön gewesen, aber aufgrund der angesagten Windarmut streichen wir das. Es wäre nämlich eine reine Motoretappe geworden, wer will das schon. Lieber lassen wir uns von der Strömung durch den Sound of Islay nach Norden spülen. Hier spielen die Gezeiten wieder eine entscheidende Rolle. Zusammen mit der leichten Brise reicht das schon für 5 Knoten über Grund, und kommt dann ein kleiner Drücker, beschleunigen wir ganz locker auf 9. Rechts verhüllen Wolken die Gipfel der hohen Berge von Jura, backbord scheint die Sonne auf drei berühmte Whisky-Destillen, die direkt am Ufer liegen.

An die Pier von Scalasaig auf Colonsay passt nur ein Boot zur Zeit. Wir haben Glück, der Platz ist frei. Hier brauchen wir extralange Festmacher, die wir uns zurechtbasteln, indem wir mehrere 10-Meter-Leinen aneinanderknoten. Damit fahren wir dann wie im Fahrstuhl mit den Gezeiten immer auf und ab. Auf der Suche nach einer Dusche begeben wir uns am nächsten Morgen auf Wanderschaft. In der Backpacker's Lodge soll warmes Wasser fließen, auch für Segler. Fehlanzeige, aber so schlimm steht's noch nicht um uns, dass wir nicht unsere Wanderung fortsetzen, und ungeduscht das Colonsay Estate, Haus und Garten des 5th Baron Strathcona and Mount Royal, besichtigen. Ja, ja, hier zählen noch Titel und Traditionen! Baron Alex lebt hier mit seiner Familie, aber zahlenden Gästen vermietet er seine Cottages, und selbst für windzerzauste und ungeduschte Segelnomaden hat er ein Stück Kuchen und einen Kaffee übrig.

Ausrangierte Kupferkessel vor der Jura Distillery in Craighouse, über der später der Vollmond aufgeht. Ein Schaf auf Colonsay lächelt in meine Kamera.

Folgende Doppelseite: Abendhimmel über den North Pier Pontoons, dem neuen Anleger von Oban.

Als wir zurückkommen, holt die LAKE ISLE OF INNISFREE ihren Anker auf, an dem sie in der Bucht auf uns gewartet hat, und kommt längsseits. Acht Menschen und zwei Hunde wollen bei uns ins Päckchen kommen. Oha ... Aber sie wollen gar nicht an Bord bleiben, sondern haben Zimmer im Hotel gebucht. Da finde ich's doch praktischer, dass wir tauschen. Die nach innen und wir außen dran. Auch, weil wir morgen früh weiterwollen. Gesagt, getan. Und obwohl das für uns die beste Lösung ist, sind die der Meinung, wir hätten ihnen damit einen großen Gefallen getan und bedanken sich später in der Bar getränketechnisch bei uns. Sláinte, Prost, gern geschehen.

Segeln können wir nur zwei Stunden, dann muss der Motor wieder ran. Die Delphine vor und neben uns nehmen wir inzwischen fast schon als Selbstverständlichkeit zur Kenntnis. Das langweilige Tuckern bringt uns auf absonderliche Gedanken. Wir diskutieren zum Beispiel ernsthaft die Frage: Macht Shortbread süchtig? Dieses buttrig-weiche, süße, superleckere schottische Gebäck, von dem wir bei jeder Einkaufsgelegenheit gleich mehrere Packungen greifen, weil wir uns mittlerweile sicher sind, dass sich umgehend Entzugserscheinungen einstellen würden, wären unsere Vorräte plötzlich erschöpft. Eine zauberhafte Backstagsbrise unterbricht unsere tiefschürfenden

Erörterungen. Sie bläht den Blister und schiebt uns bis vor den neuen Yachthafen von Oban. Der ist auch unter der Bezeichnung »North Pier Pontoons« bekannt und erst seit wenigen Jahren in Betrieb. »Oban Marina« ist die immer noch gebräuchliche Bezeichnung für den Yachthafen auf der Insel Kerrera gegenüber. Das war früher die einzige Anlegemöglichkeit, aber von dort muss man immer mit einem kleinen Ferryboat rüber in die Stadt fahren.

Für Jörg kommt nun der letzte Tag vor seiner Abreise, und dafür haben wir einen Plan. Ein Freund hat mir mal von Staffa Island erzählt, einer spektakulären Mini-Insel, die aber auf eigenem Kiel schwer zu erreichen ist. Also warum nicht mal eine Touri-Tour buchen? Mit der Fähre fahren wir nach Mull, mit einem Kleinbus nach Ulva Ferry, und dort steigen wir um auf einen kleinen Kutter. Wie ein schwarzer Muffin liegt Staffa vor uns im Meer, absolut einzigartig. Hoher Schwell brandet an die schroffen Felsen, und ich bewundere den Skipper, wie er sein Boot kaltblütig an die kleine Mole legt. Eine in den schwarzen Basalt gemeißelte Treppe führt die senkrechte Felswand hinauf. Früher muss der Besuch ein waghalsiges Abenteuer gewesen sein. Dennoch reisten schon im 19. Jahrhundert zahlreiche bekannte Persönlichkeiten nach Staffa. Königin Victoria kam mit ihrem Gatten Prinz Albert, William Turner mit seinen Pinseln und Farben. Die Fingalshöhle inspirierte Felix Mendelssohn Bartholdy zu seiner Hebriden-Ouvertüre und sogar Theodor Fontane besuchte die Insel auf seiner Schottlandreise im Sommer 1858.

Für das Abschiedsdinner suchen wir uns *The Lorne Bar* aus. Etwas zurückgesetzt in zweiter Reihe, wir denken, dass es da nicht so voll ist wie in den Restaurants mit Seeblick. Als wir reinkommen, sehen wir in der Tat auch jede Menge freier Tische. Doch halt! »Habt ihr reserviert?«, fragt der Barkeeper mit strenger Miene. Nein? Nun, dann wird's schwierig. Der Laden sei ausgebucht. Wir können es kaum glauben. Aber wenn wir Glück haben, ist vielleicht in einer halben Stunde was frei. Wir verstehen das zwar nicht, aber na gut, setzen wir uns eben so lange an die Bar und bestellen wie immer. Für Jörg ist heute ja alles zum letzten Mal, auch das Guinness. Aber er fährt mit große Plänen nach Hause. Sein Hobbybrauer-Ehrgeiz ist erwacht, er wird er nicht ruhen, bis ihm eine originalgetreue Kopie des schwarzen Saftes gelungen ist. Doch zurück ins Hier und Jetzt. Der junge Mann stellt uns die Gläser hin und kassiert sofort, wie allgemein hier üblich. Diesmal lege ich beim Trinkgeld etwas drauf. Er registriert das mit einem Nicken. Zwei Minuten später ist er wieder da: »Gentlemen, your table is ready.« Wir können uns das Grinsen nicht verkneifen.

Dichter Nebel an Jörgs letztem Morgen, aber dann blauer Himmel bis zum Horizont. Jeder sucht sich, so gut es geht, einen Platz im Schatten. Der Hochsommer ist noch mal zurück. Genau das richtige Wetter für Sanne, hoffentlich bleibt das so. Nachmittags kommt sie an. Meine Lebensfreundin, dreieinhalb Monate haben wir uns nicht gesehen, jetzt ist sie endlich da und bleibt bis Inverness. Drei Wochen. Schottische Freunde haben sie hergebracht und übernachten im Hotel. Bevor sie am Sonnabend wieder nach Hause fahren, unternehmen wir eine kleine Pleasure Cruise rund um Kerrera. Am Abend verholen Sanne und ich uns nach gegenüber in die Oban Marina, denn der neue Stadthafen erlaubt nur eine dreitägige Liegezeit.

Cheerio!
The Jolly Sailor

Strohhutsegelwetter und der figgelinsche Anleger auf Staffa Island. Frisches Meeresgetier gibt es überall.

FRESH
LANGOUSTINE
LOBSTER
+
CRAB
07826527901

12

AHOY, LANDLUBBERS!

INVERNESS AM MONTAG, 29. AUGUST

DER 121. TAG

Von Kerrera durch den Sound of Mull und nach Tobermory fahren wir in einem Rutsch durch, weil für den folgenden Tag viel Regen angesagt ist. Wenn man von Süden kommt, liegt vor Tobermory eine Insel quasi im Weg, Calve Island. Der prüfende Blick in die Seekarte zeigt, dass man bei bestimmten Wasserständen wohl die Abkürzung durch die Engstelle zwischen Insel und Festland nehmen kann. Sicherheitshalber gucke ich mal nach, was *visitmyharbour.com* dazu zu sagen hat, und da steht: Diese Abkürzung spart einem ungefähr eine halbe Meile im Vergleich zum Kurs außen rum. Und jetzt weiter im Original: *So nowadays with all-day pub opening the only reason to take this passage would be just to prove you can!* Heutzutage, wo die Pubs den ganzen Tag geöffnet sind, gibt es nur einen Grund für diese Passage: zu zeigen, dass man's kann! Ach, ich wünschte, man würde solche Texte auch mal in deutschsprachigen Hafenführern finden.

Nachmittags wird es sonnig und warm. OBLOMOW liegt mit dem Heck quasi im Wald. Hohe Bäume, Vogelgezwitscher statt Möwengeschrei. Könnte auch der Plöner See sein, hat aber Atlantikanbindung. Damit wir das nicht vergessen, sorgt nachts ein strammer Nordwind dafür, dass die friedvolle Stimmung radikal umschlägt. Mit seinem Schwell bringt er den ganzen Hafen aus der Ruhe. Selbst große Boote sind wie wild am Tanzen. Ich hatte abends wohlweislich noch die Ruckfender installiert, aber viel geholfen hat das nicht. Wir haben wirklich eine übel unruhige Nacht. In der Bucht hat ein großer Kreuzfahrer den Anker geworfen, morgens sind die Straßen voller Touristen. Sie stürmen die Souvenirshops und drängeln sich vor der Destille, um Tickets für eine Führung zu ergattern. Die Whiskyfabrik steht direkt am Hafen, der würzige Duft von Rauch und Malz liegt über der ganzen Stadt.

Ein Segler vor Duart Castle am Eingang zum Sound of Mull.

Derweil kämpft die Sonne einen unfairen Kampf gegen eine wolkige Übermacht. Wir binden ein Reff ins Groß und laufen rüber ins Loch Sunart. Sanne ist ja deswegen erst so spät dazugestoßen, weil sie sich vor der Schaukelei, vor Wind und Wellen auf hoher See gruselt. Deswegen hatte sie sich für die Etappe durch den Caledonian Canal »beworben«, in den wir in ein paar Tagen einlaufen werden. Da kann ihr nichts passieren. Aber obwohl hier gerade immer wieder Überfallböen von den Bergen runterjagen und dafür sorgen, dass unsere Decks mit Seewasser gewaschen werden, scheint ihr das insgesamt doch gut zu gefallen. Wolkenlöcher und Sonnenstrahlen, die die Berghänge wie ein Leopardenfell sprenkeln. Ein einzelnes Haus, das von einem Spot getroffen wird und mitten auf der grünen Wiese plötzlich blendend weiß aufleuchtet. Die Lichtregie arbeitet heute wieder mal perfekt. Schottland pur, und das liebt sie. Irgendwann am Nachmittag fragt sie mich, ob wir OBLOMOW nicht über den Winter hierlassen können. Wir könnten doch dann im nächsten Jahr hier weitersegeln … Aber das ist mir dann doch zu spontan. Wir müssen eben wiederkommen.

Ein stiller, aber verregneter Abend am Salen Jetty. Immerhin gibt's ein Pub, und auf dem Rückweg sehen wir an einem B&B ein Schild: German Bread and Cakes. Wir klingeln, und Ella aus Thüringen öffnet die Tür. Das Brot, das wir bei ihr kaufen, ist wirklich lecker. Ganz objektiv und nicht nur, weil uns das labberige Weißbrot, das man hierzulande ausschließlich bekommt, langsam zum Hals raushängt.

Eigentlich unverzeihlich, dass wir im Loch Sunart nicht länger bleiben. Einen ganzen Urlaub könnte man hier verbringen. 20 Meilen mit unzähligen geschützten Ankerplätzen auf beiden Seiten, die wir nun alle auslassen. Aber es ist, wie's ist, und ich kenne das ja schon von früheren Törns: Man fährt immer an viel, viel mehr schönen Plätzen vorbei, als man besuchen kann. Wenigstens haben wir eine gute Entschuldigung: Wir müssen unbedingt noch mal zurück nach Tobermory, weil wir für Donnerstag einen Tisch im legendären *Café Fish* bekommen haben. Jane und Liz, zwei Cousinen, führen das Restaurant seit 16 Jahren. Selbst deutsche Zeitungen haben schon Loblieder auf den Laden gesungen, und wir haben noch Glück gehabt, denn eigentlich läuft gar nichts, wenn man nicht mindestens sieben Tage vorher reserviert. Der Besuch ist quasi ein Pflichttermin. Wir werden nicht enttäuscht. Die Jakobsmuscheln sind sensationell, *handpicked* und mindestens *awardwinning.* Auch wenn das schon ein Running Gag ist, überall wo wir hinkommen, ist immer irgendetwas *handpicked, handbaked, hand-was-weiß-ich* und auf jeden Fall *awardwinning* – hier stimmt das auf jeden Fall. Zum Restaurant gehört ein eigenes Fischerboot, die HIGHLANDER, alles ist wirklich fangfrisch: *The only thing frozen are our fishermen.* Ha ha!

Das schottische Wetter bleibt uns auch am nächsten Tag erhalten, mit Böen, die von allen Berghängen auf uns runterknattern. Allerdings bleibt es wenigstens, bis auf ein paar kurze Schauer, trocken. Ausnahmsweise sind wir mal nicht ganz allein unterwegs. Bis zu zehn weiße Segel auf einmal zählen wir. Oha! – jetzt wird's fast schon ein bisschen eng.

Langsam geht's jetzt Step by Step in Richtung Caledonian Canal. Gestern habe ich im Internet unsere Passage gebucht, am 22. August sollen wir in die Seeschleuse in Corpach einchecken. Heute erst mal ins Loch Aline, wo wir uns eine freie Mooringboje angeln. Noch haben wir das Schlauchboot im Schlepp, aber der Landausflug wird ein Flop. Alle gastronomischen Einrichtungen sind entweder dauerhaft geschlossen oder werden gerade renoviert. Mit einem Wiesenblumenstrauß und einem Büschel blühender Heide kommen wir zurück an Bord und kochen dann eben selbst.

Dann noch mal, weil's uns so gut gefallen hat und weil es auf dem Weg liegt, Kerrera. Kurz nachdem wir reingekommen sind, macht eine Hanse-Yacht auf der anderen Seite des Steges fest. Vor

Das Lismore Lighthouse steht gegenüber von Duart Castle, hier kabbeln sich die Tidenströme. Hummerkörbe und Bojen der HIGHLANDER vom Restaurant *Café Fish* im Hafen von Tobermory. Sanne bringt einen frischen Blumenstrauß an Bord.

TOBERMORY

dem Wind, der mit circa 5 Beaufort bläst, kommen sie in die Box. So ein Manöver ist ja immer etwas prickelig, aber es klappt noch ganz gut. Spannend wird es, als die beiden Bordmänner versuchen, das Vorsegel zu bergen. Irgendwas stimmt wohl mit der Rollanlage nicht. Keine so tolle Idee mit diesem Wind von achtern, denn erst mal müssen sie das Segel ja ausrollen. Und sie bekommen den Lappen auch nur knapp bis zur Hälfte raus, dann geht's weder vor noch zurück. Das Segel schlägt wie wild in den Böen und das Schothorn haut dem Skipper fast ein Loch in den Kopf. Ich kann das nicht mehr länger mit ansehen und biete meine Hilfe an.

Zunächst drehen wir jetzt das ganze Boot um 180 Grad. Das geht relativ easy, weil hier ja alle Häfen mit schwimmenden Fingerstegen ausgestattet sind und nicht, wie bei uns, mit diesen blöden Heckpfählen. Jetzt weht das Segel wenigstens in die richtige Richtung. Mit vereinten Kräften und ohne weitere Blessuren kriegen wir's schließlich runter. Später kommt Skipper Brian rüber und bedankt sich mit einer Flasche Weißwein. Er hält mir seinen Kopf hin, und ich muss mit dem Finger die dicke Beule ertasten. Tut bestimmt ziemlich weh.

Erst seit zwei Wochen hat Fort William einen Town-Jetty, einen kommunalen Anleger. Wir verbringen eine ruhige Nacht und laufen am Montagvormittag in die Seeschleuse. Irgendwo habe ich mal was über das hiesige unfreundliche Schleusenpersonal gelesen, aber wer das geschrieben hat, hat Jim nicht erlebt (und alle seine Kollegen, die wir im weiteren Verlauf getroffen haben). Er begleitet uns den ganzen Neptune's Staircase hinauf, die berühmte Schleusentreppe mit immerhin acht Kammern hintereinander. Ich bleibe an Bord, Sanne und Jim laufen oben auf der Mauer mit den Leinen in der Hand von Kammer zu Kammer. Geschlagene anderthalb Stunden dauert der Aufstieg, und endlich oben angekommen, spürt man schon einen leichten Druck auf den Ohren. Bilde ich mir wenigstens ein. Nachdem ich mir im Crinan Canal an den glitschigen Schleusenwänden die Fender und damit auch den Rumpf dermaßen eingesaut habe, habe ich diesmal die Bordwand mit einer Plastikfolie abgehängt. (Habe ich mir bei anderen abgeguckt.) Und dann war mir eingefallen, dass ich ja in der Backskiste ein Fenderbrett spazierenfahre. Man lebt und lernt.

Kurze Einweisung, ein Schlüssel für alle Facilities – das Prozedere ist hier das gleiche wie im Crinan Canal. Sieben Tage haben wir Zeit für die Kanalpassage, die wollen wir uns auch nehmen. Es gibt sogar die Möglichkeit, ein Transit-Ticket für 14 Tage zu buchen, und viele Segler machen das wohl auch. Queen Victoria dagegen wurde auf ihrer Yacht mal in nur einem Tag vom einen Ende zum anderen geschippert, das geht also auch, und Fischer berichteten uns, dass sie das auch schon geschafft hätten, wenn die Zeit drängte, weil im Atlantik Makrelenschwärme gesichtet worden waren. Aber wir sind weder Fischer noch Königin, und so beenden wir den ersten Tag gemütlich gleich nach der letzten der ersten acht Schleusen in Banavie. Nach ein paar weiteren Treppenstufen öffnet sich am nächsten Tag der erste See vor uns, Loch Lochy. Wir können die Genua ausrollen und den Motor abstellen. Rechter Hand soll irgendwo der Ben Nevis liegen, der höchste Berg Schottlands. Wir glauben das mal, denn sehen können wir ihn nicht. Dichte Wolken behindern die Fernsicht. Auch vor uns hängen die Wolken noch in den Bergen fest, aber hinter uns wird's schon heller und immer heller, bis der Himmel wieder ganz klar ist. Am südlichen Seeufer liegt laut Karte ein Hotel mit Restaurant, die *Whispering Pine Lodge*. Sogar einen Schwimmponton sollen die haben. Ich rufe an und reserviere einen Tisch. Aber, sagt der Mann am Telefon mit

In der ersten Schleuse vom Caledonian Canal sind die Manöver noch neu und ungewohnt. Noch dazu mit so viel Publikum. Kitsch as Kitsch can: Der Hochzeitsfotograf der *Whispering Pine Lodge* hat OBLOMOW als Motiv entdeckt.

singendem indischen Akzent, der Ponton sei wohl nur für Boote bis acht Meter ausgelegt. Sollten wir trotzdem anlegen, dann auf eigenes Risiko. Na logo. Langsam tasten wir uns ran, Wind und Wellen bleiben hinter einer kleinen Landzunge zurück, die Wassertiefe ist mehr als ausreichend – alles richtig gemacht.

Dann ziehen wir uns heute mal ein bisschen schicker an und spazieren rauf zum Aperitif. Da scheint eine Hochzeitsfeier im Gange zu sein, recht ungewöhnlich für einen Dienstag, nicht wahr? Geschmückte Räume, das Brautpaar, Brautjungfern, ein Dudelsackpfeifer und zwei Trauzeugen im Kilt. Aber wo sind die Gäste? Wir sehen nur einen Fotografen und eine Visagistin. Es dauert eine ziemliche Weile, bis bei uns der Penny fällt. Die tun nur so, als ob, das ist ein »Weddingshoot«. Das Hotel, seit Kurzem unter neuer Leitung, braucht die Fotos für die Werbung auf der neuen Website.

Wir sitzen schon beim Hauptgang, da kommt der freundliche Hotelchef, der mit dem singenden Akzent, an unseren Tisch. Wir seien doch die mit dem Boot unten am Schwimmsteg. Ob wir uns vorstellen könnten, dass der Fotograf das Brautpaar für ein paar Bilder vor unserem schönen Segelboot inszeniert? Wir sind amüsiert. Ja natürlich, warum denn nicht? Absolutely amused sind wir jedenfalls, als wir später die Rechnung bekommen. Da stehen nämlich nur die Getränke drauf, das Essen geht aufs Haus.

Seglerisch geht es die folgenden Tage so oder ähnlich weiter. Im Loch Oich haben wir den höchsten Punkt der Strecke erreicht, von nun an geht's bergab. In Fort Augustus steigen wir die Treppe Stufe für Stufe wieder runter. So schön ist es hier, dass wir einen Urlaubstag einlegen. Dann kommt Loch Ness. Und der Sommer hat noch einmal ein Comeback. Leichter Südwind, bunter Blister, ein Ankerplatz für die Nacht direkt unterhalb von Urquhart Castle. Ein roter Sonnenuntergang mit Alpenglühen, morgens direkt aus der Koje ins Wasser, eine Runde ums Boot schwimmen. Es könnte noch schöner sein, wenn der Autolärm von der Uferstraße nicht wäre. Unablässig brummen die Motoren, und dann und wann kommt auch noch so ein Terrorist vorbeigebrettert und reißt den Gaszug von seinem Moped bis zum Anschlag auf.

Der Sommer bleibt. Mitten auf dem See springe ich kopfüber über die Reling, nicht mal die Furcht vor Nessie kann mich davon abhalten. Gestern dann die letzte Schleusentreppe. Zwei Yachten vor uns. Wir führen die Boote an der Leine durch die vier Schleusenkammern. Mit uns zusammen schleusen George und Judy ihre SULAIRE und lassen in der Kajüte mit voller Lautstärke Musik laufen. Ihre Playlist gefällt uns und auch dem Schleusenpersonal. So geht es Kammer für Kammer abwärts. Mit Fahrstuhlmusik, sagt Sanne.

Noch zwei weitere Schleusen, dann bin ich wieder im Salzwasser. Aber das passiert erst, wenn Sanne schon wieder zu Hause und Christoph hier ist, also frühestens am nächsten Wochenende. Und dann folgt der lange Schlag über die Nordsee nach Dänemark ...

Cheerio!
The Jolly Sailor

Unser Liegeplatz am Fuß der Schleusentreppe von Fort Augustus. Und echte Schotten, gut beschirmt, die sich von ein paar Regentropfen nicht aus der Ruhe bringen lassen.

CALEDONIAN CANAL CENTRE

compass
professional

13

AHOY, LANDLUBBERS!

THYBORØN AM DIENSTAG, 13. SEPTEMBER

DER 136. TAG

Und dann folgt der lange Schlag über die Nordsee nach Dänemark – das war der letzte Satz meines letzten Eintrags. Was ich da noch nicht ahnen konnte: dass die Wartezeit auf den richtigen Moment für den Absprung länger dauern würde als der Nordseetörn selbst.

Aber nun sitze ich in Thyborøn unter Deck und bin heilfroh, dass wir's geschafft haben. Gestern Abend sind wir gerade noch rechtzeitig hier angekommen. Nur ein paar Stunden später wäre das Einlaufen schon nicht mehr möglich gewesen. Draußen jaulen die Böen mit Stärke 8 bis 9 durch die Wanten, Brecher toben gegen die Hafenmole. Vor der Einfahrt kocht das Wasser.

Der Reihe nach. Sanne ist noch da, da verheißt der Wetterbericht schon nichts Gutes für die erste Septemberwoche. Ostwind so weit die Vorhersage reicht. Keine schönen Aussichten für einen Törn 400 Meilen über die offene Nordsee. Ich hoffe und bete und überlege mir die verschiedenen Möglichkeiten, die ich habe. Sanne schlägt vor, doch jetzt schon allein loszusegeln zum nächsten Hafen, Lossiemouth. Das wären immerhin die ersten 35 Meilen in die richtige Richtung, und Christoph könnte ich umleiten, direkt dahin. Sehr gute Idee. Ein Problem, egal, ob allein oder zu zweit: Ich liege immer noch in der Inverness Seaport Marina hinter der Seeschleuse von Clachnaharry. Die wird nur zweimal am Tag geöffnet, nämlich jeweils zwei Stunden vor und zwei Stunden nach Niedrigwasser. Die erste Öffnung des Tages ist zurzeit also erst um 11 Uhr vormittags. Dann noch 35 Meilen gegen die auflaufende Flut, mit Strom zwischen 3 und 6 Knoten – nur wenn man Glück hat, kommt man noch vor Einbruch der Dunkelheit an. Oder man nimmt den Nachmittags-Slot und übernachtet draußen am Anker. Aber dazu habe ich eigentlich keine Lust.

Das Salzwasser im Gesicht ist gar nicht so schlimm, wenn's gleichzeitig ordentlich regnet.

Zwei Boote mit dänischer Flagge liegen im Hafen, und ich nehme an, dass die Crews sich mit ähnlichen Gedanken rumplagen. Das junge Pärchen ist tiefenentspannt. Bevor es wieder nach Hause geht, wollen sie noch nordwärts zu den Orkneys. Aber Inga und Ole von der BERINA plagen dieselben Sorgen wie mich. Ihr Plan ist, nach Thyborøn zu segeln und von dort durch den Limfjord nach Hause, nach Ebeltoft. Ich habe zwar nach wie vor den Plan, rund Skagen und dann von oben die Ostsee runterzusegeln, aber der Limfjord wäre für mich auch neu und interessant, und Thyborøn erscheint mir eine vernünftige Alternative. Immerhin wären das rund 50 Meilen weniger als obenrum. Wir verabreden, weiter Kontakt zu halten und womöglich gemeinsam zu starten.

Aber noch ist Sanne da, noch sind wir in Inverness und noch lässt uns eine warme Sonne diese und alle anderen Sorgen vergessen. Wir erkunden das hübsche Städtchen, laufen ein bisschen am Kanal und am River Ness entlang, sitzen aber auch mal an Bord und lesen. Ich habe mir extra für diesen Teil der Reise den »Keltischen Ring« eingepackt, diese Seeräuberpistole um den unerschrockenen Schweden Ulf, der die Geschichte erzählt, wie er den Schotten McDuff trifft, im Winter über die Nordsee nach Schottland segelt, und so weiter. All das spielt ja genau hier, im Caledonian Canal, auf Kerrera, in Oban und Tobermory. Wir segeln quasi durch die Romankulissen. Und jetzt sieht es auch noch fast so aus, als könnte meine Nordseequerung eine ähnlich abenteuerliche Unternehmung werden, wie die von Ulf. Auch wenn es nicht Winter, sondern erst Ende August ist.

Am Donnerstag liegt zum ersten Mal eine Ahnung von Herbst in der Luft. Oder ist es nur ein Gefühl, liegt es womöglich daran, dass ich heute von Sanne Abschied nehmen muss? Ich bringe sie zum Bahnhof, kehre aber um, bevor ihr Zug abfährt. Sie hasst solche Momente. Inga und Ole lassen sich am Nachmittag rausschleusen. Ankern wollen sie nicht, sondern gleich weiterfahren, trotz Tide gegenan. Vor Mitternacht werden sie nicht in Lossiemouth sein. Ich denke, wenn schon gegenan, dann doch lieber bei Tageslicht. Deshalb werfe ich sehr entspannt am anderen Morgen nach dem Frühstück die Leinen los. Um 11.30 Uhr entlässt mich die Schleuse und OBLOMOW schwimmt wieder im Salzwasser. Das mit der Tide ist wider Erwarten gut zu handhaben. Mit ein wenig Motorschub suche ich ganz am Rand der Chanonry Narrows den Neerstrom (das ist der am Ufersaum oft mehr oder minder stark ausgeprägte Gegenstrom zur jeweiligen Tide) und laufe plötzlich 7 Knoten über Grund.

Hinter der Enge verändert sich das Landschaftsbild schlagartig. Das Meer wird weit. Die Steiluferküste weicht nach Norden zurück und macht weiter auf Highländisch, während ich an Dünen und Stränden entlangfahre, die immer breiter werden und hinter denen sich papierflache Wiesen ausbreiten. Der Wind bläst inzwischen mit 4 aus Südost, perfekt für meinen Kurs. Die Segel richtig dichtgeholt, ach, wie schön sich der gute alte OBLOMOW in die Wellen legt. Es wird etwas kühl, und ich gehe nach unten, um mir einen Pullover anzuziehen. Ich liebe es, von hier nach Lee aus dem Fenster zu schauen, auf Augenhöhe mit den Wellen. Herrlich! Diesmal aber fährt mir ein gewaltiger Schreck in die Glieder: Die Genuaschiene, auf der Bordkante direkt vor dem Fenster montiert, biegt sich in einer schönen halbkreisförmigen Kurve nach oben. Auf ungefähr 80 Zentimetern Länge sind alle Schrauben aus dem Laminat gerissen, jeden Augenblick kann es einen ordentlichen Knall geben, und dann fliegt mir das Teil um die Ohren, während das Segel anfängt, wie wild zu schlagen. Ich muss sofort handeln! Mit einem Sprung bin ich wieder im Cockpit und rolle erst mal das Segel weg. Das war knapp. Nun ganz ruhig überlegen, und dann weiß ich, wie ich den Schaden wenigstens provisorisch begrenzen kann. Ein Tauende und der Rest eines Besenstiels, den ich, warum auch immer, in einem Schapp aufbewahrt habe, reichen fürs Erste. Damit drehe ich durch eine der Speigatten einen Knebel, der die Schiene wieder runterbiegt, und mit halb ausgerolltem Segel kann es weitergehen.

Lossiemouth. Der Ostwind lässt nicht nach, immer noch stehen Brecher in der Einfahrt und hinter mir im Hafen steht ein Wrack. Sturmwolken am Abendhimmel machen keine Hoffnung auf Wetterbesserung.

LOSSIEMOUTH

Oblomow

Das mit dem schönen Wind und dem perfekten Kurs dauert leider nicht ewig. Der Wind dreht zurück und wird stärker, 4 bis 5 schätze ich. Ich muss anfangen, richtig zu kreuzen, und hoffe ja immer noch, dass ich einigermaßen bei Tageslicht in Lossiemouth ankomme. Immer ein langer Schlag, bei dem mich aber jede dritte Welle beinahe aufstoppt, dann ein Holeschlag zwei Meilen Richtung Küste, bei dem ich das Gefühl habe, dass die Tide mich wieder eine Meile zurücktreibt. Ich schimpfe und fluche laut vor mich hin. So macht das wirklich keinen Spaß. Mit durchdringenden Blicken versuche ich, meinen Kartenplotter zu hypnotisieren, damit er mir Fortschritte anzeigt. Mehr Sinn hat es, auf den Holeschlägen die Maschine mitlaufen zu lassen. Das bringt wenigstens ein paar Grad Höhe. Auf jeden Fall ist das hier kein Pleasure Cruise mehr, das ist ein astreiner Working Trip.

Aber auch der endet einmal. Die Dämmerung bricht schon an, als ich auf die Ansteuerung von Lossiemouth zuhalte. Dieser Hafen ist nach Osten offen, ich muss das Boot also um 180 Grad drehen und habe in der Einfahrt auf einmal die Wellen im Rücken – oha. Wir kommen regelrecht ins Surfen, und das Adrenalin schießt mir genauso schnell durch die Blutbahn, wie OBLOMOW durch die wirkliche schmale Einfahrt in den Vorhafen. Ich habe überhaupt keine Ahnung, wo hier die Besucherparkplätze sind. Ich weiß nur, dass es wahnsinnig eng ist. Lange Zeit zum Überlegen habe ich auch nicht. Noch immer haben die Wellen und der Wind mächtig Schubkraft, ich bin fast schon auf der anderen Seite des kleinen Hafenbeckens, als mein Blick das Echolot streift: nur noch ein Meter unterm Kiel. Ich drücke die Pinne hart bis zum Anschlag herum, das Boot gehorcht zum Glück sofort, der Bug dreht nach Backbord, und da sehe ich Christoph auf einem der Stege stehen, am letzten freien Liegeplatz. Er ist eben erst angekommen, hat sein Reisegepäck sozusagen noch auf der Schulter, weil er mich noch nicht so schnell erwartet hat. Aber da ist er nun und nimmt meine Festmacher entgegen. Selten habe ich mich mehr über ein Wiedersehen gefreut.

Und dann beginnt die elende Wartezeit. Ich bin ja leider verwöhnt. In den ganzen letzten vier Monaten (wow, so lange bin ich schon unterwegs!), war ich nie irgendwo richtig eingeweht, habe nie sehr lange auf den richtigen Wind warten müssen. Dazu kommt in diesem Fall, dass die nächste Etappe eine Besondere ist, weil wir die weder abkürzen noch einfach unterbrechen können, und Umkehren wäre auch schwierig. Wir sind definitiv zum Stillhalten gezwungen. Besonders unschön ist das für Christoph, der sich das natürlich ganz anders vorgestellt hat. Am nächsten Wochenende, haben wir gedacht, könnte er wieder in Hamburg sein. Jetzt muss er rotieren, um seine Termine für die darauffolgenden Tage umzudisponieren. Nicht ob, aber wann er überhaupt wieder zu Hause sein wird, ist völlig ungewiss.

OBLOMOW vor Whitehills, fotografiert von Bertie, dem Hafenmeister.

Christoph ist Fotograf, genau wie ich, und arbeitet für verschiedene Auftraggeber aus dem Kunst- und Kulturbereich. Es ist aber nicht nur der Beruf, den wir gemeinsam haben. Wir sind weder verwandt noch verschwägert und haben doch beide denselben Nachnamen. Wir heißen beide Irrgang. Dazu die fast identischen Vornamen, man kann sich leicht vorstellen, dass das immer wieder zu Verwechslungen führte und führt. So war es im Grunde vorprogrammiert, dass wir uns schon vor Jahren eines Tages kennenlernen mussten. Noch dazu ist Christoph auch Segler und ist vor vielen Jahren mit seinem Bruder in einem kleinen Boot, kleiner als OBLOMOW, von der Isle of Wight nach Deutschland gesegelt. Im Januar! Ich war daher überhaupt nicht erstaunt, dass er den langen Schlag über die schon herbstliche Nordsee mitsegeln wollte. So sitzen jetzt also Irrgang und Irrgang im selben Boot.

Zwei Plätze weiter liegt die BERINA. Ole ist entspannt. »Was können wir schon tun außer abwarten?« Die Wellen, die sich in der Einfahrt brechen, verbieten tatsächlich jeden Gedanken ans Auslaufen. Und das ausgerechnet hier in Lossiemouth, wo das pralle Leben derartig pulsiert, dass man beim Spazierengehen gefahrlos mitten auf der Straße laufen kann. Unsere Tage gestalten sich so: Lass uns heute mal auf der Südmole spazieren gehen, die Nordmole machen wir dann morgen. Das Fischereimuseum macht erst Dienstag wieder auf? Sehr schön, dann haben wir ja Dienstag schon was vor. Wir könnten ja auch mal den Bus nehmen und einen Tagesausflug nach Elgin machen, in die nächstgrößere Stadt. Da laufen wir dann einmal die High Street rauf und wieder runter, einmal im Bogen um die ruinierte Kathedrale, und damit hat sich das Programm schon erschöpft. Sicherheitshalber bucht sich Christoph einen Rückflug für Donnerstag. Wie ich dann allerdings allein weiterkommen soll? Keine Ahnung.

Abends sitzen wir unter Deck und spielen das Spiel, das ich mit Albrecht schon gespielt habe: Musiklotto. Wir switchen hin und her, diesmal zwischen Brahms und Blues, zwischen Karajan (Herbert von) und King (Albert), und Christoph entpuppt sich als Experte für so ziemlich alles, was im 12-Takt-Blues-Schema jemals auf Platte gepresst worden ist.

Jeden Morgen halten wir Kriegsrat mit Ole und Inga. Die beiden haben Atlantikerfahrung. So ein bisschen Nordsee ist für die kein großer Aufreger, das haben sie schon ein paarmal gemacht. Schon in Inverness hatte ich beschlossen: Bevor die nicht ablegen, fahre ich auch nicht los. Wetterprognosen werden verglichen. Am dritten Tag, dem Montag, erblicken wir das erste schwache Lichtlein am Ende des Tunnels: Sonnabend! Noch fünf Tage … Ich schlage vor, dass wir, wenn möglich, schon vorher einen weiteren Schritt in die richtige Richtung machen und 30 Meilen weiter nach Whitehills fahren sollten. Davon will Ole aber nichts wissen. Da sei ja noch weniger los als hier, meint er. Dennoch siegt am Ende bei uns am Mittwoch die Unruhe. Christoph entscheidet sich, seinen Flug verfallen zu lassen. Eine leichte Winddrehung nach Süden macht uns mutig. Ich bin froh, nicht mehr länger stillsitzen zu müssen. Mit stehendem Großsegel und voller Maschinenpower dampfen wir mittags gegen Wind und Schwell aus dem Hafen, da darf nichts schiefgehen. Draußen sofort abfallen, Großschot dicht, Fock raus, wir segeln! Abends machen wir in Whitehills fest. Weitere 30 Meilen auf dem Weg nach Dänemark sind geschafft.

Auf der Mole steht Bertie, der Hafenmeister, und knipst unsere Ankunft. Das macht er mit allen Booten, die hier einlaufen. Später gibt er mir seine Speicherkarte, sodass ich mir die Fotos runterkopieren kann. Was für eine schöne Idee. Die Hafengeldautomaten in Dänemark können das nicht. Überhaupt Bertie. Das Hafengeld kann er nur in bar kassieren, weil die Elektronik streikt. Auf den letzten Metern habe ich nicht mehr genug Pfund im Portemonnaie, und weil es in Whitehills keinen Geldautomaten gibt, fährt er mich kurzerhand mit seinem Auto zur nächsten Bankfiliale in Banff. Und apropos Elektronik. Vor dem Nordseetörn hätte ich doch ein besseres Gefühl, wenn die Bordbatterien randvoll geladen wären. Auch da ist Bertie zur Stelle, selbstverständlich leiht er mir das Ladegerät, das er in seinem Büro stehen hat.

Irrgang und Irrgang auf dem Weg über die Nordsee. Shortbread macht süchtig! Vor uns steigt der Vollmond über die Kimm.

Dann geht die Warterei weiter, aber nun schon mit absehbarem Ende. In Whitehills treffe ich auch die SISSI wieder, mit Jörg an Bord, der von einer dreijährigen Karibikreise zurückkommt. Auch er wartet auf handiges Wetter, aber er will vorn bei Fraserburgh rechts abbiegen, Kurs Holland. Abends gehen wir zusammen ins Pub und Jörg erzählt von seinem Dreijahrestörn. Viel hat er erlebt, allein und mit Mitseglern. Aruba, Kuba, Venezuela, lauter spannende Geschichten. Als er erzählt, dass er aus Kuba noch Zigarren im Gepäck hat, spitze ich die Ohren. Aber verkaufen will er sie nicht, schade. Wir sind also gesprächstechnisch mitten in der Karibik, als eine Textnachricht kommt: Die Queen ist gestorben … Irgendwie betroffen schauen wir uns an. Blicken uns um. Gucken hoch. Auf den (inzwischen in jedem Pub) omnipräsenten Bildschirmen läuft weiter Fußball. Am Tresen stehen die, die wohl immer dort stehen, trinken, scherzen, lachen. Ja sind denn wir Deutschen am Ende mehr royal als die Briten hier? Ich frage den Barkeeper: »Sorry, haben Sie schon gehört, die Queen ist gestorben. Wollen Sie nicht vielleicht mal das Fernsehprogramm wechseln?« Er guckt mich an, als hätte ich ihm etwas ganz und gar Ungehöriges vorgeschlagen. »We are a football pub, you know. People come here because of football.«

Freitag. Den Plan, oben um Skagen rumzusegeln, habe ich inzwischen endgültig fallen gelassen. Thyborøn und dann durch den Limfjord, so lautet die neue Parole. Nur die Entscheidung für den richtigen Startzeitpunkt, die fällt wirklich sauschwer. Heute Nacht soll der Ostwind zurückgehen, später auf nördliche Richtungen drehen. Übers Wochenende soll sich ein Wetterfenster auftun, dass sich aber schon nach drei Tagen wieder schließt. Schon Montagabend ist für die dänische Küste Palermo angesagt, Weststurm. Drei Tage und Nächte müssen wir für die Strecke rechnen, mindestens, und das auch nur, wenn alles klappt. Wenn wir also erst Sonnabendmorgen ablegen, dann kriegen wir womöglich kurz vor Schluss noch eins auf die Mütze. Eher denke ich inzwischen daran, den Start vorzuziehen, um ein paar Stunden zu gewinnen. Ich telefoniere mit Ole von der BERINA. Die sind noch immer in Lossiemouth und haben es anscheinend auch nicht eilig. Nicht vor Sonntag, sagt er, wollen sie starten. Ich verstehe das nicht, die haben doch dieselben Seewetterberichte. Sehen die denn nicht, was sich da nordwestlich von Irland drohend zusammenbraut? Ein Hammertief, das von dort geradewegs auf uns zu eilt. Aber er bleibt dabei, Sonntag. Wir überlegen weiter hin und her, und Freitagmittag fällt schließlich die Entscheidung: heute Abend Leinen los.

Vorher ziehen wir noch mal los und kaufen uns bei *Downies* jeder eine große Portion Fish & Chips. Eigentlich war ich mit dieser speziellen Art von Fastfood schon seit Längerem durch, zu groß waren die Qualitätsunterschiede und manchmal die Enttäuschung. Aber weil es bestimmt für längere Zeit das letzte Mal sein wird, muss es sein. Und was für eine Überraschung, ich kann es nicht anders sagen: Dies hier, die letzte meiner Reise, ist wohl die beste Fisch-und-Fritten-Mahlzeit ever. Mit den Pappschachteln haben wir uns auf ein Treppchen gesetzt und gucken übers Meer. In ein paar Stunden werden wir da draußen sein.

Um 19.00 Uhr drehe ich den Zündschlüssel, die Maschine läuft, da steht Jörg an der Reling. Tschüß sagen will er, und dann legt er mir noch vorsichtig etwas in die Hand. Eine echte Montecristo, Kuba, *handmade* und selbst importiert. Klasse! Absolutely *awardwinning*, würde ich sagen. Eine Stunde nach Niedrigwasser passieren wir die Ausfahrt. Jörg und Bertie stehen oben und winken. (Bertie mussten wir versprechen, dass wir ihm eine Textnachricht schicken, wenn wir drüben sind.)

Der Wind, der tagsüber noch recht frisch war, hat inzwischen schon deutlich nachgelassen und leicht auf Nordost gedreht. Unter Maschine machen wir zwei Stunden Strecke nach Luv, bis wir querab Troup Head die Segel setzen und auf Ostkurs gehen können, genau 90 Grad. Die Genua hatten wir schon in Lossiemouth gegen die kleinere Fock getauscht, weil deren Schoten über andere Holepunkte laufen und ich mir keine Sorgen wegen der maroden Genuaschiene machen muss. Auf Am-Wind-Kursen fahre ich sowieso lieber dieses Vorsegel. Außerdem, falls der Wind am Ende wirklich zulegt, ist weniger wahrscheinlich mehr – all diese Überlegungen, die man anstellt, bevor man endgültig die Landverbindung löst.

Die alte See, das Erbe des Oststurms der vergangenen Tage, steht noch hoch und schafft es, Christophs Eingeweide dermaßen durcheinanderzubringen, dass er unser schönes Abschiedsessen den Elementen übergeben muss. Der Fisch geht wieder schwimmen, und die Chips müssen auch mit. Gegen Mitternacht haben wir Fraserburgh querab. Bye, bye, Schottland, es war wunderbar. Ich drehe mich um und blicke zurück zur Küste, bis nach und nach alle Lichter verschwunden sind.

Magisch steht der volle Mond am klaren Himmel, leuchtet uns in die Segel und zaubert eine glitzernde Leuchtspur aufs Wasser. Die Sonne hat es anderntags etwas schwerer, sie muss sich gegen einen Grauschleier wehren. Der Wind hält sich an seine Vorgaben, hat auf Nord gedreht und weht locker mit Stärke 3. Allerfeinstes Pleasure Cruising, würde ich sagen. Unsere Taktik sieht aus wie folgt: Statt hoch ranzugehen, wie man's vielleicht erwarten könnte, fahren wir sogar etwas tiefer, fallen vom Direktkurs ab auf 110 bis 115 Grad. Denn wenn alles mit rechten Dingen zugeht, will sagen: Wenn die Windvorhersage zutrifft, dann gibt es morgen im Laufe des Tages eine 180-Grad-Winddrehung. Wenn wir uns dann übermorgen der Küste nähern, können wir den Kurs ändern. Auf diese Weise fahren wir die ganze Zeit einen komfortablen Halbwindkurs. Denn was ich unter allen Umständen vermeiden will: dass wir am Ende, wenn der Südwind womöglich schon Sturmstärke erreicht hat, zu weit nach Norden geraten sind und noch elend gegenan knüppeln müssen, um Thyborøn zu erreichen.

Christophs Magen hat sich wieder beruhigt, der Tag vergeht ohne weitere Zwischenfälle. Überall stehen jetzt Bohrinseln im Wasser, aber die Abstände sind groß, und wir können auf gerader Linie zwischen ihnen durchfahren. Nachts leuchten sie wie Christbäume, bis weit zum Horizont sind die flackernden Gasfackeln zu sehen. Wir fahren wieder das bewährte 3-Stunden-Wachsystem. Als ich um Mitternacht dran bin und an Deck komme, hat unsere Geschwindigkeit deutlich nachgelassen. Da gibt es keine Minute zu verlieren, sofort wird der Diesel gestartet. Die Zeit läuft, wir fahren schließlich mit einem Sturmtief um die Wette. Das ist kein Spaß. Wer als Erster in Dänemark ist, hat gewonnen.

Frühmorgens sind Himmel und Meer kaum zu unterscheiden, vollkommene Monochromie. Der Diesel dieselt nun schon seit ein paar Stunden. Außer dem Fahrtwind spüren wir keine Luftbewegung. Bis auf einmal ein Zittern übers Wasser zieht und die Oberfläche knittrig wird wie eine graue Elefantenhaut. Die Winddrehung! Wir lassen den Motor noch eine Weile laufen, aber mehr und mehr übernehmen jetzt wieder die Segel den Job und sorgen für den nötigen Vortrieb. Trödeln können wir uns echt nicht leisten. Die Sonne hat sich durchgekämpft, die restlichen dicken Wolken lassen viel Licht durch, Sonnenschutzfaktor 30. Oben über den weißen Haufen bilden sich im

Laufe des Tages faserige Federwolken, lang gezogene Zirren, die uns eine Vorahnung geben auf das, was da noch kommt. Solange der Südwind noch moderat weht, wollen wir Höhe halten, so gut es geht, ohne zu kneifen. 110 Grad liegen nach wie vor an, nur eben jetzt auf dem anderen Bug. Um 19.00 Uhr steigt ein kugelrunder Mond vor uns über die Kimm, orange und rot und prall wie eine Apfelsine.

Hier draußen haben wir keine Möglichkeit mehr, einen aktuellen Wetterbericht zu empfangen, wir können nur hoffen, dass sich seit vorgestern nichts mehr geändert hat. Zur Nacht halte ich ein Reff im Groß für die richtige Maßnahme. Schnell genug sind wir auch so, und ab Mitternacht geht's auch wirklich langsam los, genau wie vorhergesagt. Es brist auf. Was haben wir nur für ein Riesenglück! Nach der tagelangen Warterei, der Zitterpartie um die bange Frage, wann wir uns raustrauen können, jetzt so ein Trip! Etwas östlicher als Süd kommt der Wind nun. Wir haben die Schoten dichter geholt, immer noch halten wir den Kurs. Ins Logbuch schreibe ich: OBLOMOW rast. Um 7.00 Uhr wird es Zeit fürs zweite Reff. »Südost 5 plus« steht im Logbuch. Zum Frühstück gibt es Porridge, Christoph verzichtet lieber. Um 8.00 Uhr sind wir noch ungefähr 60 Meilen von der Küste entfernt. Um 9.00 Uhr sind die Wellen schon amtlich. Einige heischen nach besonderer Aufmerksamkeit, rotzen so gegen die Bordwand, dass am Bug die Gischtfontäne hochsteigt und uns im Cockpit duscht. Zum Glück regnet es inzwischen kräftig, da bleibt der salzige Geschmack nicht lange auf den Lippen. Alles wie erwartet, trotzdem irre spannend.

Um 11.30 Uhr kommt die erste Sturmwarnung von Lyngby Radio. Noch ist das Rennen offen: Wer wird am Ende schneller sein, das Tief oder wir? Zwei Stunden später nehme ich das Groß ganz weg. Noch 25 Meilen. Nur unter Fock können wir jetzt abfallen. Unsere Taktik ist voll aufgegangen. Eine zornige Regenbö kommt auf uns zu und macht ihrem Ärger ordentlich Luft. Ein großer Frachter kreuzt unseren Kurs und verschwindet hinter einem grauen Vorhang. Das Handy meldet sich im dänischen Netz mit einer Textnachricht. Ole schreibt: »We are on the way.« Abgeschickt hat er das am Sonntag. Mein Gott, die sind tatsächlich erst am Sonntag losgefahren. Dann sind die ja noch meilenweit hinter uns und werden jetzt voll erwischt. Die Wellen werden immer höher, wir versuchen, sie zu schätzen. Wieder eine besonders hohe. »Vier Meter sechsundneunzig«, meint Christoph. Wir wollen uns nicht um ein paar Zentimeter streiten, und vermutlich hat er recht. Mit etwas Unterstützung aus dem Motorraum schlingern wir auf die Küste zu. Dann sind wir drin. Um 17.00 Uhr, nach 370 Meilen und 69 Stunden machen wir im hintersten Hafenbecken unser Anlegebier auf.

Wir liegen im Schutz der Fiskehallen, der Sturm weht Moos und Kiesel vom Dach herunter aufs Deck. Heute Morgen haben wir richtig ausgeschlafen, danach haben wir Reinschiff gemacht, und dann ist Christoph heute Mittag von einem Freund mit dem Auto abgeholt worden. Der Wind kommt jetzt direkt von Westen, und vor der Einfahrt steht eine wütende Brandung. Absolut unmöglich, jetzt noch hier reinzukommen. Die Wetterstation Thyborøn meldete heute Vormittag 41 Knoten. Also wieder alles richtig gemacht.

Cheerio!
The Jolly Sailor

Rot glüht die Gischt im Schein der Backbordlaterne. Ein Anblick, von dem ich nie genug kriegen werde.

14

AHOY, LANDLUBBERS!

HAMBURG AM DONNERSTAG, 22. SEPTEMBER

Kein Wind pfeift draußen in den Wanten, es schaukelt nicht mehr, und wenn ich aus dem Fenster schaue, ist alles grün. Ich bin wieder Zuhause. Gestern Abend habe ich OBLOMOW in Gelting festgemacht, nach 144 Tagen und mit 2.720 Seemeilen auf der Logge. Na ja, wird mancher jetzt vielleicht sagen, das hätte auch schneller gehen können. Sicher, man kann diesen Törn bestimmt doppelt so schnell machen. Aber dafür wär's dann auch nur halb so schön.

Am Mittwoch, nach einem Tag Verschnaufpause, laufe ich von Thyborøn aus und in den Limfjord hinein. Wieder mal allein an Bord. Der Wind hat auf Nordwest gedreht und etwas nachgelassen, im Fjord steht nur wenig Welle. Mit gerefftem Groß und Fock kann ich einen rauschenden Halbwindkurs fahren. Ein großer Gaffelschoner, die LIVET, ist zusammen mit mir ausgelaufen und gibt ein prächtiges Bild ab. Sie ist allerdings auch ein ganzes Stück schneller und kommt vor mir an der Oddesund-Klappbrücke an. An Bord schricken sie nicht mal die Schoten, fahren geradewegs auf die Brücke zu, die sich wie durch Zauberhand vor ihnen öffnet. Ich folge im Viertelstundenabstand. Im Näherkommen sehe ich durchs Fernglas die Anzeige für die nächste, die reguläre Brückenöffnung. 12.45 Uhr, perfekt, denke ich, das passt ja prima. Noch fünf Minuten – läuft. Als ich aber fünf Minuten später wieder hingucke, steht die Anzeige auf 13.45 Uhr. Nanu, hab ich was verpasst? Ich warte weitere fünf Minuten, aber nichts tut sich. Die Nummer vom Brückenwärter steht im Internet, ich rufe ihn an. Ein Typ, der kaum einen geraden Satz auf Englisch rauskriegt, erklärt mir, wann er das nächste Mal aufmacht: 13.45 Uhr. »One, three, four, five«, stottert er. Ja und was bitte war mit »one, two, four, five«, will ich wissen? Erst tut er so, als verstünde er mich überhaupt nicht, und dann erklärt er mir: »You were ten minutes too late« – was definitiv nicht stimmt. Kackdreist, der Kerl, aber was willst du machen. Ein Kollege von ihm, auch hier im Limfjord, hat neulich eine Segelyacht entmastet, die noch eben so durchschlüpfen wollte, als sich die Brücke schon senkte. Mit diesen Leuten ist nicht zu spaßen, die sitzen am längeren Hebel. Buchstäblich. Eine ganze Stunde ist damit verdaddelt und mein Ziel für heute, Løgstør, kann ich vergessen. Stattdessen mache ich am späten Nachmittag im Hafen von Nykøbing Mors fest. Keine schlechte Alternative, sehr ruhig und sehr windgeschützt.

Ein Windhosenrüssel über Samsø, zum Glück weit weg.

Langsam mache ich mir Sorgen um Ole und Inga auf der BERINA. Hoffentlich haben die den Sturm einigermaßen gut überstanden. Mittags hatte ich eine Textnachricht abgeschickt, und nun kommt die Antwort: »We are close to Skagen, could not enter Thyborøn.« Die Ärmsten, ich möchte mir gar nicht vorstellen, was da draußen jetzt immer noch los ist.

Anderntags bläst es wieder ein wenig kräftiger, so um die 6 bis 7, weiterhin aus Nordwest. Nur mit der Fock über die Løgstør-Breite, da gibt's schon Wellen, das ist Rock'n'Roll. Erst hinter der Aggersund-Brücke wird es wieder ruhiger. Ein Knötchen Schiebestrom hilft noch mit, so erreichen wir Aalborg. Hier treffe ich Wolfgang mit seiner Crew auf der VARICON. Großes Hallo und gemeinsames Abendessen. »Wie lange warst du jetzt unterwegs?«, will Wolfgang wissen. »Viereinhalb Monate«, sage ich. Daraufhin er: »Na, dafür ist dein Deutsch ja noch recht gut.«

Sonne, große weiße Wolken, Nord-Nordost mit nur noch Stärke 2, so geht's raus aus dem Limfjord und unter buntem Tuch nach Bønnerup. Am nächsten Tag ist das Wetter wieder etwas unsicherer. Mal schiebt eine Bö mich an, sodass die Logge auf 7 Knoten springt, mal denke ich, gleich parken wir ein. Dann wird's im Osten dunkel, Regenschauer fallen aus einer dicken Wolke, und dann sehe ich hinter Samsø, also zum Glück weit weg, tatsächlich eine Windhose, die ihren Rüssel raushängen lässt.

Tunø gehört zu meinen Lieblingsinseln, hier mache ich einen Tag segelfrei. Spaziere umher und versuche mir vorzustellen, wie's wohl sein wird, wenn in ein paar Tagen die Reise vorbei ist. Ein komischer Gedanke. Leichte Wehmut, in die sich aber langsam so etwas wie Heimweh mischt. Ich fühle mich erlebnissatt, als könnte ich bald keine neuen Eindrücke mehr verarbeiten. Wahrscheinlich wirklich Zeit, nach Hause zu kommen.

Die letzten drei Tage sind wieder wie aus einem Werbefilm fürs Segeln. Hoher Lichtschutzfaktor ist gefragt, der Himmel ist strahlend blau, meine Segel mal weiß, mal bunt. In Middelfart steigt Albrecht noch mal ein. Zusammen sind wir am 1. Mai in Gelting gestartet, zusammen sind wir sechs Wochen an Südengland entlang auf die Scillies, nach Wales und bis Dublin gesegelt, und zusammen bringen wir OBLOMOW nun wieder nach Hause.

Cheerio, over and out!
The Jolly Sailor

Wütende Brandung vor der Einfahrt in den Limfjord und ein paar Tage später stiller Morgennebel in der Dyvig. Dann bin ich wieder zu Hause, mit allen Gastlandflaggen unter der Saling.

Oblomov

The poem extract is reprinted by kind permission of Carcanet Press, Manchester, UK. John Masefield, Ed: Philip Errington; Sea-Fever: Selected Poems of John Masefield.

Bibliografische Information der Deutschen Nationalbibliothek
Die Deutsche Nationalbibliothek verzeichnet diese Publikation in der Deutschen Nationalbibliografie; detaillierte bibliografische Daten sind im Internet über http://dnb.dnb.de abrufbar.

1. Auflage
ISBN 978-3-667-12697-9

Lektorat: Birgit Radebold
Fotos: Christian Irrgang, bis auf: Frank Schneehage S. 46 o., S. 88 u. r., S. 93 u. l., S. 94 o., S. 103 o.; Christoph Irrgang S. 126, S. 129 u. l.; Cedric De Brauwere S. 23 und Titelmotiv; Bertie Milne S. 130; Whispering Pine Lodge S. 122 u.
Umschlaggestaltung und Layout:
Felix Kempf, www.fx68.de
Gesamtherstellung: Couleurs Print & More, Köln
Printed in Slovenia 2023

Delius Klasing Verlag GmbH
Siekerwall 21
D-33602 Bielefeld
Tel.: 0521/559-0; Fax: 0521/559-115
E-Mail: info@delius-klasing.de
www.delius-klasing.de

Ich möchte mich bedanken,
zuallererst bei Sanne, die meine Segelträume versteht und deshalb bereit ist, mich immer wieder losziehen zu lassen.

Bei meinen Mitseglern:
Peter, dem Steuerberater und Gezeiten-Segellehrer, Hermann, dem Cockpit-Tischler, Albrecht, dem Feinschmecker und Kombüsenchef, Frank, dem stets entspannten Bord-Buddha, Jörg, dem Guinness-Braulehrling, Christoph, dem unerschrockenen Schlechtwettersegler.

Bei den Vor-Lesern Walter und Teddy.

Und natürlich bei Birgit,
der rat-und tatkräftigen Buchmacherin.